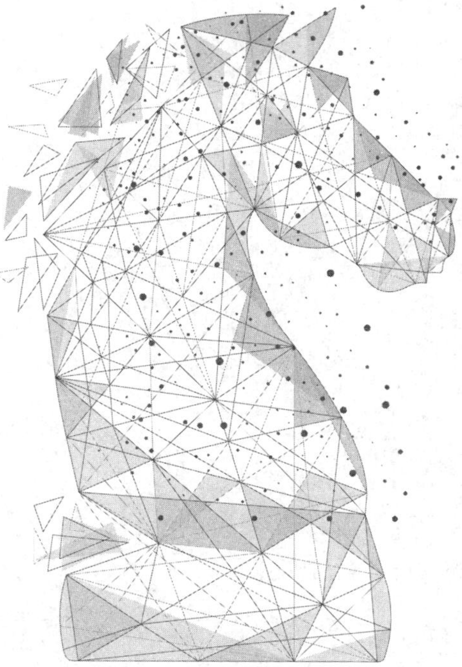

中等职业学校公共基础课程配套用书

数　学

（基础模块）下册

学习指导与能力训练

第4版

主　　编：曹一鸣
分册主编：黄奕农　付　勇
分册副主编：陈鹭飞　庄静云
分册参编：王安进　朱忠川　陈志珍

SHUXUE JICHU MOKUAI XIACE
XUEXI ZHIDAO YU NENGLI XUNLIAN

北京师范大学出版集团
BEIJING NORMAL UNIVERSITY PUBLISHING GROUP
北京师范大学出版社

图书在版编目(CIP)数据

数学(基础模块下册)学习指导与能力训练/曹一鸣，黄奕农，付勇主编 .—4 版 .—北京：北京师范大学出版社，2022.7(2025.12 重印)

ISBN 978-7-303-27265-5

Ⅰ. ①数… Ⅱ. ①曹… ②黄… ③付… Ⅲ. ①数学课—中等专业学校—教学参考资料 Ⅳ. ①G634.603

中国版本图书馆 CIP 数据核字(2021)第 182601 号

出版发行：北京师范大学出版社 https://www.bnupg.com
　　　　　北京市西城区新街口外大街 12-3 号
　　　　　邮政编码：100088
印　　刷：天津市宝文印务有限公司
经　　销：全国新华书店
开　　本：889 mm×1194 mm　1/16
印　　张：10.25
字　　数：162 千字
版　　次：2022 年 7 月第 4 版
印　　次：2025 年 12 月第 27 次印刷
定　　价：23.00 元(含试卷)

策划编辑：林　子　余娟平　　　　责任编辑：余娟平
美术编辑：焦　丽　　　　　　　　装帧设计：焦　丽
责任校对：陈　民　　　　　　　　责任印制：赵　龙

序 言

亲爱的同学们：

欢迎你们进入中等职业学校学习！职业教育与普通教育是两种不同的教育类型，具有同等重要地位，相信你们一定能成为德智体美劳全面发展的高素质劳动者和技术技能人才。公共基础课程是中等职业学校课程体系的重要组成部分，对促进同学们可持续发展具有重要意义。本书是在习近平新时代中国特色社会主义思想指导下编写完成的，是中等职业学校公共基础课程教材《数学(基础模块)下册(第 4 版)》的配套学习指导与能力训练，是同学们学习数学课程的辅助资料。

本书的知识框架与教材《数学(基础模块)下册(第 4 版)》的基本保持一致，由直线与圆的方程、简单几何体、概率与统计三个单元构成。每个单元由若干知识小节组成，每个知识小节包含“知识要点”“运用举例”“同步训练”“数学窗”和备注栏等板块。“知识要点”引导同学们总结梳理数学知识要点，建立自己的数学知识体系；“运用举例”引导同学们学习理解数学知识运用的典型例题，掌握基本的数学思想和方法；“同步训练”则设置了两种不同学业水平的习题，满足同学们个性化需求，提高大家分析问题和解决问题的能力；“数学窗”重点介绍数学发展史、数学文化、数学在生活中的应用等拓展知识，丰富数学内容，将“枯燥无味”的数学变得“生动活泼”；备注栏引导同学们善于思考，勤于总结，多做笔记，手脑并用。测试题由单元测试卷(三个单元)、期中测试卷和期末测试卷三部分构成，都分别包含两套试卷(分别对应水平一和水平二)。我们力求版面设计简洁合理、习题选择精干高效、拓展史料丰富有趣，以期提高同学们学习数学的兴趣和积极性。

数学源于大千世界，服务于生活实际。本书还引导同学们掌握一定的数学学习方法。方法一是学会总结归纳。总结梳理数学基本概念、公式、法则、定理、性质等数学知识要点，可以用条目式、表格式、框架图、思维导图等方式表达出来，厘清知识要点之间的逻辑关系，形成自己的数学知识主线。方法二是学会借鉴思考。从典型例题的分析解答中巩固公式、深化概念、掌握基本的解题方法与技巧，举一反三。方法三是勤于动笔训练。好记性不如“烂笔头”，通过同步训练及时反馈学习效果，规范解题过程，提高运算能力和逻辑推理能力。

数学是锻炼思维的体操。希望同学们热爱数学学习，乐于探索数学问题，在数学学习过程中领略数学文化，感受数学的魅力，提升数学学科核心素养。

本书由厦门市教育科学研究院黄奕农教研员、重庆市教育科学研究院付勇教研员任分册主编，由厦门工商旅游学校陈鹭飞老师、集美工业学校庄静云老师担任分册副主编。参加本书编写的还有厦门市同安职业技术学校王安进校长、重庆市女子职业高级中学朱忠川老师、重庆工商学校陈志珍老师。厦门市同安职业技术学校郭艺珍、李易老师对本书的编写提供了很多帮助，在此一并表示感谢。

由于编写时间仓促，水平所限，书中难免有一些需要完善的地方，敬请批评指正，提出宝贵意见和建议。

编者

2021 年 8 月

21. 如图所示，在长方体 $ABCD\text{-}A_1B_1C_1D_1$ 中，$AB=16$，$BC=10$，$AA_1=8$，点 E，F 分别在 A_1B_1，D_1C_1 上，$A_1E=D_1F=4$. 过点 E，F 的平面 α 与此长方体的面相交，交线围成一个正方形 .

(1)在图中画出这个正方形(不必说明画法和理由)；(2 分)

(2)求平面 α 把该长方体分成的两部分的体积的比值 .(6 分)

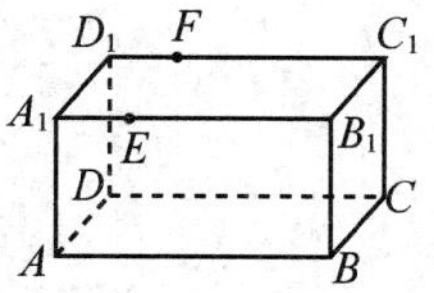

第 21 题图

22. 如图所示，A 地到火车站共有两条路径 L_1 和 L_2，现随机抽取 100 位从 A 地到达火车站的人进行调查，调查结果如下 .

所用时间/分	[10，20]	(20，30]	(30，40]	(40，50]	(50，60]
选择 L_1 的人数	6	12	18	12	12
选择 L_2 的人数	0	4	16	16	4

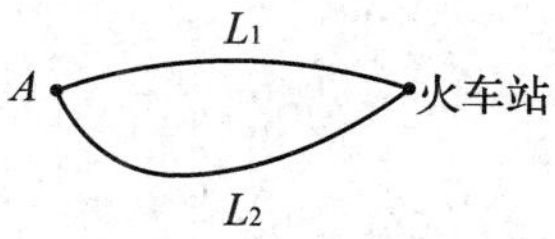

第 22 题图

(1)试估计 40 分钟内不能赶到火车站的概率；(2 分)

(2)分别求选择 L_1 和 L_2 的人所用时间落在上表中各时间段内的频率；(2 分)

(3)现甲、乙两人分别有 40 分钟和 50 分钟的时间用于赶往火车站，为了尽最大可能在允许的时间内赶到火车站，试通过计算说明，他们应如何选择各自的路径 .(4 分)

期末测试卷(水平二)

班级________姓名________座号________

(90 分钟，满分 100 分)

一、选择题(共 13 小题，每小题 4 分，共 52 分．在每个小题给出的四个备选项中，只有一项最符合题目要求)

1. 已知直线 l 的斜率为$\sqrt{3}$，在 y 轴上的截距为另一条直线 $x-2y-4=0$ 的斜率的倒数，则直线 l 的方程为(　　).

A. $y=\sqrt{3}x+2$　　B. $y=\sqrt{3}x-2$

C. $y=\sqrt{3}x+\frac{1}{2}$　　D. $y=-\sqrt{3}x+2$

2. 已知 $P(-2，m)$，$Q(m，4)$，且直线 PQ 垂直于直线 $x+y+1=0$，则 $m=$(　　).

A. 2　　B. -2　　C. 1　　D. -1

3. 若圆$(x-1)^2+(y-1)^2=2$关于直线 $y=kx+3$ 对称，则 k 的值为(　　).

A. 2　　B. -2　　C. 1　　D. -1

4. 圆 $x^2+2x+y^2+4y-3=0$ 上到直线 $x+y+1=0$ 的距离为$\sqrt{2}$的点共有(　　).

A. 1 个　　B. 2 个　　C. 3 个　　D. 4 个

5. 过点 $A(1，-1)$，$B(-1，1)$，且圆心在直线 $x+y-2=0$ 上的圆的方程为(　　).

A. $(x-3)^2+(y+1)^2=4$　　B. $(x+3)^2+(y-1)^2=4$

C. $(x-1)^2+(y-1)^2=4$　　D. $(x+1)^2+(y+1)^2=4$

6. 已知直线 $y=mx$ 与圆 $x^2+y^2-4x+2=0$ 相切，则 m 值为(　　).

A. $\pm\sqrt{3}$　　B. $\pm\frac{\sqrt{3}}{3}$　　C. $\pm\frac{\sqrt{3}}{2}$　　D. ±1

7. 圆柱的底面直径与高都等于球的直径，则球的体积与圆柱的体积比 $V_{球}:V_{柱}$ 为(　　).

A. 1∶2　　B. 2∶3　　C. 3∶4　　D. 1∶3

8. 一个四棱锥的侧棱长都相等，底面是正方形，其正视图如图所示，则该四棱锥的侧面积为(　　).

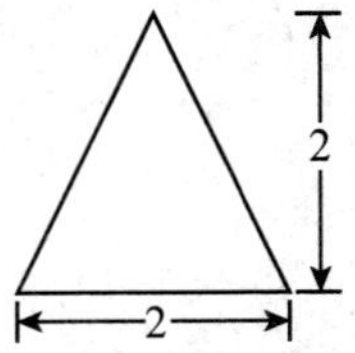

第 8 题图

A. $4\sqrt{3}$　　B. $4\sqrt{5}$

C. $4(\sqrt{5}+1)$　　D. 8

21. 现需要设计一个仓库，它由上下两部分组成，上面是正四棱锥 $P\text{-}A_1B_1C_1D_1$，下面是正四棱柱 $ABCD\text{-}A_1B_1C_1D_1$（如图所示），且要求正四棱柱的高 O_1O 是正四棱锥的高 PO_1 的 4 倍，若 $AB=6$ m，$PO_1=2$ m，则仓库的容积是多少？

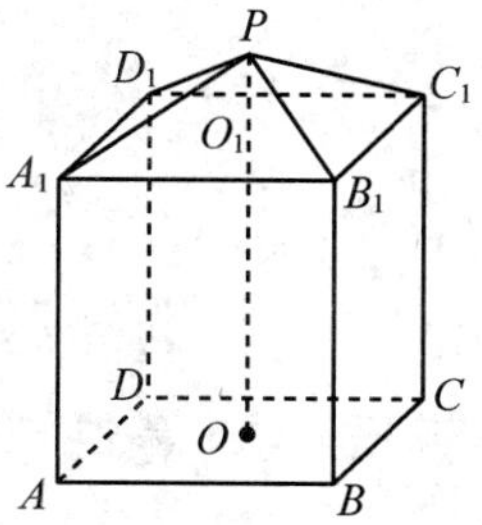

第 21 题图

22. 为了选拔一位同学代表学校参加某专业全市学生技能大赛，学校对两位候选人进行了 8 轮专业技能测试，每次的测试成绩如下．

轮次	1	2	3	4	5	6	7	8
甲	78 分	82 分	80 分	85 分	82 分	88 分	81 分	80 分
乙	83 分	86 分	85 分	86 分	90 分	87 分	79 分	84 分

请根据上述数据，分别计算两位候选人的成绩均值，然后通过比较，分析两位候选人的成绩．

期末测试卷(水平一)

班级________姓名________座号________

(90 分钟，满分 100 分)

一、选择题(共 13 小题，每小题 4 分，共 52 分．在每个小题给出的四个备选项中，只有一项最符合题目要求)

1. 直线 $x-y+1=0$ 的倾斜角为(　　).

A. 30°　　B. 45°　　C. 120°　　D. 150°

2. 图中的直线 l_1，l_2，l_3 的斜率分别为 k_1，k_2，k_3，则(　　).

A. $k_1<k_2<k_3$

B. $k_3<k_1<k_2$

C. $k_3<k_2<k_1$

D. $k_1<k_3<k_2$

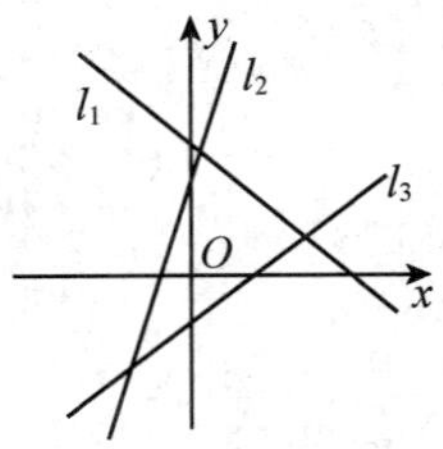

第 2 题图

3. 经过点 $P(1, 3)$，且斜率为 2 的直线的方程为(　　).

A. $2x-y+1=0$　　B. $2x-y-1=0$　　C. $x+2y+5=0$　　D. $x+2y-5=0$

4. 直线 $2x+y+m=0$ 和 $x+2y+n=0$ 的位置关系为(　　).

A. 平行　　B. 垂直　　C. 相交但不垂直　　D. 不能确定

5. 圆$(x-2)^2+(y+3)^2=13$ 的圆心坐标和半径分别为(　　).

A. $(2, 3)$，3　　B. $(-2, 3)$，$\sqrt{3}$　　C. $(-2, -3)$，13　　D. $(2, -3)$，$\sqrt{13}$

6. 圆$(x+1)^2+y^2=2$ 的圆心到直线 $y=x+3$ 的距离为(　　).

A. 1　　B. 2　　C. $\sqrt{2}$　　D. $2\sqrt{2}$

7. 过点$(3, 1)$作圆$(x-1)^2+y^2=r^2$ 的切线有且只有一条，则该切线的方程为(　　).

A. $2x+y-5=0$　　B. $x-2y-7=0$

C. $x-2y-5=0$　　D. $2x+y-7=0$

8. 如图所示，长方体 $ABCD$-$A'B'C'D'$ 被截去一部分，其中 $EH /\!/ A'D'$．剩下的几何体是(　　).

A. 棱台

B. 四棱柱

C. 五棱柱

D. 六棱柱

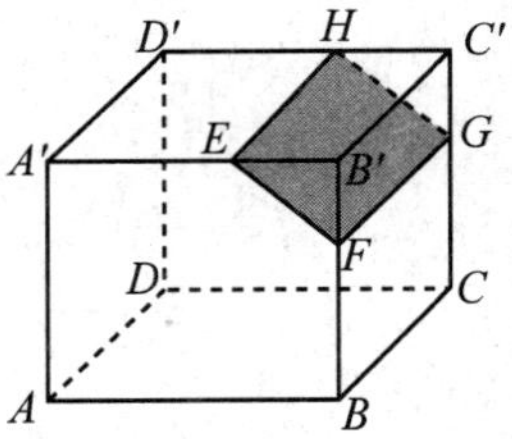

第 8 题图

21. 已知圆 C 的方程为$(x-2)^2+(y-1)^2=8$，圆外一点 $P(4,\ -3)$，过点 P 的直线 l 与圆 C 交于 A，B 两点，且 $CA\perp CB$，求直线 l 的方程．

期中测试卷(水平二)

班级________姓名________座号________

(90 分钟，满分 100 分)

一、选择题(共 13 小题，每小题 4 分，共 52 分．在每个小题给出的四个备选项中，只有一项最符合题目要求)

1. 圆锥的侧面展开图的形状是(　　).

A. 正方形　　B. 矩形　　C. 扇形　　D. 三角形

2. 已知点 $M(\sqrt{2}, -\sqrt{3})$，$N(-\sqrt{3}, \sqrt{2})$，则直线 MN 的倾斜角为(　　).

A. 45°　　B. 135°　　C. 60°　　D. 75°

3. 右图中的圆锥的正视图的形状是(　　).

A. 正方形

B. 等腰三角形

C. 圆

D. 扇形

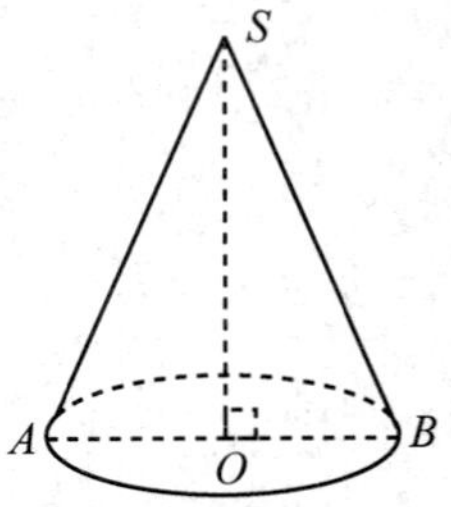

第 3 题图

4. 两条平行线 l_1：$x+2y-2=0$ 与 l_2：$x+2y+6=0$ 之间的距离为(　　).

A. 8　　B. 4　　C. $\frac{\sqrt{5}}{5}$　　D. $\frac{8\sqrt{5}}{5}$

5. 已知直三棱柱 $ABC-A_1B_1C_1$ 的高为 3，底面是边长为 1 的正三角形，则该直三棱柱的体积为(　　).

A. $\frac{1}{4}$　　B. $\frac{1}{2}$　　C. $\frac{\sqrt{3}}{6}$　　D. $\frac{3\sqrt{3}}{4}$

6. 方程 $x^2+y^2-3x+y-m=0$ 表示圆，则 m 的取值范围为(　　).

A. $m>-\frac{5}{2}$　　B. $m\geqslant-\frac{5}{2}$

C. $m<-\frac{5}{2}$　　D. $m>-\frac{3}{2}$

7. 已知过 $P(m, m-2)$和 $Q(1, 1)$两点的直线与直线 $2x-y-3=0$ 平行，则 m 的值为(　　).

A. $m=1$　　B. $m=-1$

C. $m\neq1$　　D. $m\neq-1$

22. 已知直线 $x+y+1=0$ 与圆 C：$x^2+y^2-6x+4y+4=0$ 交于 A，B 两点，求弦 AB 的长．

期中测试卷(水平一)

班级________姓名________座号________

(90 分钟，满分 100 分)

一、选择题(共 13 小题，每小题 4 分，共 52 分．在每个小题给出的四个备选项中，只有一项最符合题目要求)

1. 已知点 $A(-2, 5)$和点 $B(4, -3)$，则直线 AB 的斜率为(　　).

A. -1　　B. $\frac{4}{3}$　　C. $-\frac{4}{3}$　　D. $-\frac{3}{4}$

2. 直线 $x-\sqrt{3}y+1=0$ 的倾斜角为(　　).

A. $\frac{\pi}{6}$　　B. $\frac{\pi}{3}$　　C. $\frac{2\pi}{3}$　　D. $\frac{5\pi}{6}$

3. 右图是一个空间几何体的三视图，那么该几何体可能是(　　).

A. 正方体

B. 圆柱

C. 圆锥

D. 棱锥

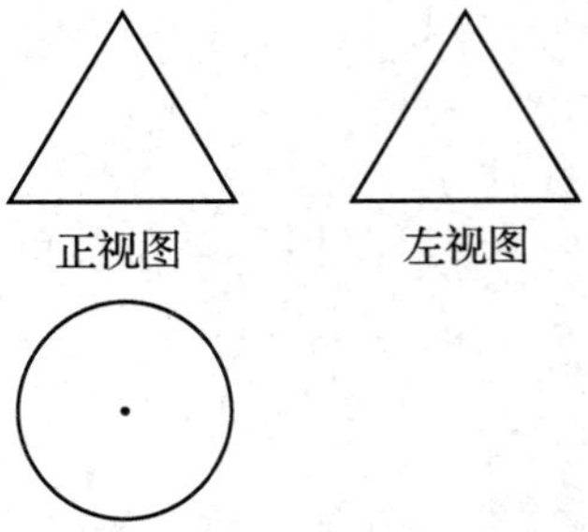

第 3 题图

4. 水平放置的正方形的直观图是一个(　　).

A. 正方形　　B. 平行四边形

C. 三角形　　D. 等腰梯形

5. 直线 $x-5y+10=0$，在 x 轴、y 轴上的截距分别为(　　).

A. -10 和 2　　B. 2 和 -10　　C. 1 和 -5　　D. -1 和 5

6. 垂直于 x 轴，且过点 $P(1, 3)$的直线的方程为(　　).

A. $x=1$　　B. $y=3$　　C. $y=3x$　　D. 1.

7. 要使直线 l_1：$x+3y-4=0$ 与 l_2：$2x-\lambda y+3=0$ 平行，λ 的值必须等于(　　).

A. 0　　B. -6　　C. 4　　D. 6

8. 圆 C：$x^2+y^2+6x-8y=0$ 的圆心坐标和半径分别为(　　).

A. $(-3, 4)$，10　　B. $(3, -4)$，5

C. $(-3, 4)$，5　　D. $(3, -4)$，10

3. 盒中装有 5 个形状相同的球，其中白球 2 个，黑球 3 个．从盒中任意抽取 2 个球，求：

(1)两个球都是黑球的概率．

(2)一个是黑球、一个是白球的概率．

第八单元测试卷(二)

班级________姓名________座号________

(45 分钟，满分 100 分)

一、选择题(共 40 分，每题 5 分)

1. 在一次读书活动中，某人从 5 本不同的科技书和 7 本不同的文艺书中任选一本阅读，那么他选科技书的概率为(　　).

A. $\frac{5}{7}$　　B. $\frac{5}{12}$

C. $\frac{7}{12}$　　D. $\frac{7}{5}$

2. 保险箱的号码由三位数字组成，那么陌生人一次能打开它的概率为(　　).

A. 0　　B. $\frac{1}{10}$

C. $\frac{1}{100}$　　D. $\frac{1}{1000}$

3. 某种化学实验进行了 10 次，得到的实验数据是：22，19，22，19，21，20，19，19，20，22. 则样本的均值为(　　).

A. 19.9　　B. 19.8

C. 20.3　　D. 19.6

4. 掷两颗骰子，事件“点数之和为 6”发生的概率为(　　).

A. $\frac{1}{11}$　　B. $\frac{1}{9}$

C. $\frac{5}{36}$　　D. $\frac{1}{6}$

5. 已知甲、乙两组数据的平均数相等，若甲组数据的方差 $s_{甲}^2=0.05$，乙组数据的方差 $s_{乙}^2=0.115$，则(　　).

A. 甲组数据比乙组数据波动大　　B. 乙组数据比甲组数据波动大

C. 两组数据的波动情况一样　　D. 两组数据的数据波动情况不能比较

6. 某校有 40 个班，每班 50 人，每班选派 3 人参加“学代会”，在这个问题中，样本容量是(　　).

A. 40　　B. 50　　C. 120　　D. 150

3. 甲、乙两人在同样的条件下练习射击，打 5 发子弹，命中环数如下 .

甲：6，8，9，9，8.　　　　乙：10，7，7，7，9.

(1)求甲、乙两人的平均成绩；

(2)如果要选一人参加比赛，应该选谁，为什么？

第八单元测试卷(一)

班级________姓名________座号________

(45 分钟，满分 100 分)

一、选择题(共 40 分，每题 5 分)

1. 要考察某地区 2 岁儿童的体重状况，随机抽取 200 个 2 岁儿童测试其体重．这 200 个儿童的体重(数据)是(   ).

A. 总体　　B. 个体　　C. 样本　　D. 样本容量

2. 考察某地区学生身高与体重的比例，该地区有小学生 33 500 人，初中生 23 600 人，高中生 9 500 人，从中选出 1 000 名学生进行测量，抽取样本采用(   ).

A. 随机数表法　　B. 分层抽样

C. 抽签法　　D. 系统抽样

3. 下列事件中，随机事件的个数为(   ).

(1)当 $a>b$ 时，$a-b>0$；

(2)当导体通电时，导体发热；

(3)从含有 5 件次品的 100 件产品中任意抽取 3 件，没有一件次品．

A. 0　　B. 1　　C. 2　　D. 3

4. 为选拔选手代表学校参加市学生技能竞赛，甲、乙、丙、丁四位学生进行了 10 次技能测试，四人 10 次技能测试的平均成绩均为 92 分，方差分别为 $s_{甲}^2=0.58$，$s_{乙}^2=0.62$，$s_{丙}^2=0.52$，$s_{丁}^2=0.47$，则成绩最稳定的是(   ).

A. 甲　　B. 乙　　C. 丙　　D. 丁

5. 100 张奖券中有 2 张一等奖的奖券，从 100 张奖券中任抽一张，则中一等奖的概率为(   ).

A. $\frac{1}{100}$　　B. $\frac{1}{50}$　　C. $\frac{1}{25}$　　D. $\frac{1}{5}$

6. 10 名学生，其中男生 4 名，从 10 名学生中选一人担任生活委员，则抽到女生的概率为(   ).

A. $\frac{2}{5}$　　B. $\frac{1}{5}$　　C. $\frac{3}{5}$　　D. $\frac{1}{10}$

7. 气象站在一天的 1 点、7 点、13 点、19 点测得的气温分别是 10 ℃、15 ℃、18 ℃、17 ℃．则这天的平均气温为(   ).

A. 14 ℃　　B. 15 ℃　　C. 16 ℃　　D. 17 ℃

4. 如图所示，将一个底面半径为 2 cm，高为 2 cm 的圆锥形容器装满水，然后将圆锥形容器中的水全部倒入底面边长为 4 cm 且水平放置的正四棱柱容器中(容器的高度适当，确保水不会溢出)，求正四棱柱容器中水面的高度 .

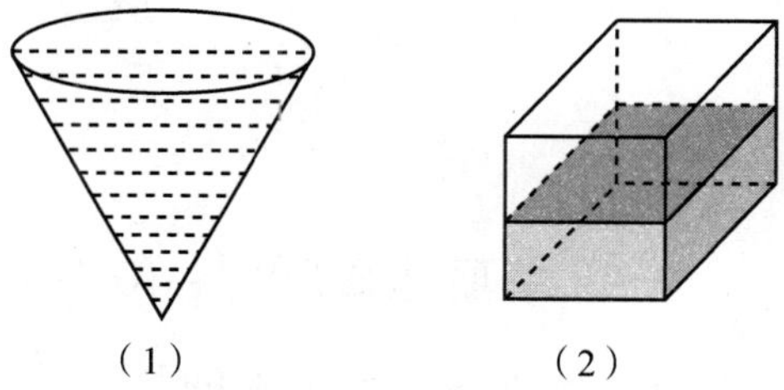

第 4 题图

第七单元测试卷(二)

班级________姓名________座号________

(45 分钟，满分 100 分)

一、单项选择题(共 40 分，每题 5 分)

1. 下列命题中正确的是(　　).

A. 直角三角形绕一边旋转得到的旋转体是圆锥

B. 夹在圆柱的两个平行截面间的几何体是旋转体

C. 圆锥截去一个小圆锥后剩余部分是圆台

D. 通过圆柱侧面上一点，有无数条母线

2. 若一个几何体的三视图都是等腰三角形，则这个几何体可能是(　　).

A. 圆锥　　B. 正四棱锥

C. 正三棱锥　　D. 正三棱台

3. 如图所示，一个平面图形的直观图 $A'B'C'D'$ 中 $A'D'/\!/B'C'$，$A'B'=3$，$A'D'=1$，则原四边形 $ABCD$ 的面积为(　　).

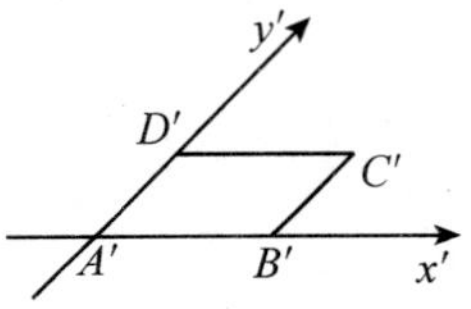

第 3 题图

A. 8

B. 6

C. 14

D. 16

4. 用一个半径为 2 cm 的半圆围成一个圆锥，则圆锥的底面半径为(　　).

A. 1 cm　　B. 2 cm

C. 0.5 cm　　D. 1.5 cm

5. 一个正方体的体积为 8，则这个正方体的内切球的表面积为(　　).

A. 8π　　B. 6π　　C. 4π　　D. π

6. 若一个正方体的边长为 4，则它的内切球的体积为(　　).

A. 64　　B. 96　　C. $\frac{32}{3}\pi$　　D. 16π

7. 一个圆锥与一个球的体积相等，圆锥的底面半径是球的半径的 2 倍，圆锥的高与底面半径之比为(　　).

A. 4∶3　　B. 1∶1

C. 2∶1　　D. 1∶2

3. 用斜二测法画出底面边长为 2 cm，侧棱长为 3 cm 的正三棱柱的直观图 .

4. 如图所示，设计一个四棱锥形的冷水塔塔顶(用铁板搭建)，四棱锥的底面是正方形，侧面是全等的等腰三角形，已知底面边长为 2 m，高为$\sqrt{7}$ m，制造这个塔顶需要的铁板的面积为多少？

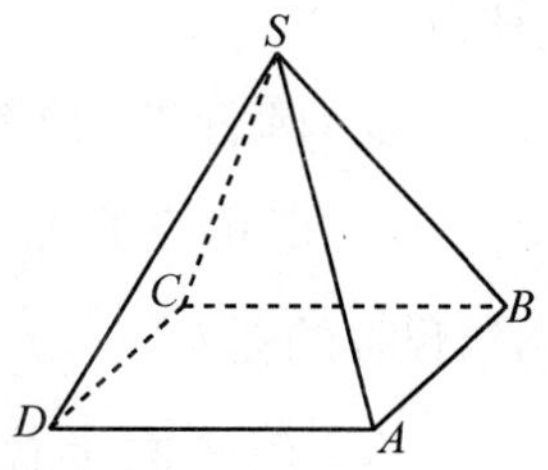

第 4 题图

第七单元测试卷(一)

班级________姓名________座号________

(45 分钟，满分 100 分)

一、单项选择题(共 40 分，每题 5 分)

1. 下列命题正确的是(　　).

A. 有两个面平行，其余各面都是四边形的几何体叫作棱柱

B. 有两个面平行，其余各面都是平行四边形的几何体叫作棱柱

C. 有两个面平行，其余各面都是四边形，并且每相邻两个四边形的公共边都互相平行的几何体叫作棱柱

D. 用一个平面去截棱柱，底面与截面之间的部分组成的几何体叫作棱锥

2. 下列表达正确的是(　　).

A. 有一个面为多边形，其他各面都是三角形的几何体是棱锥

B. 以直角梯形的一腰为旋转轴，其余三边旋转一周得到的旋转体是圆柱

C. 以直角三角形的一条边所在直线为旋转轴，其余两边旋转形成的曲面围成的几何体叫作圆锥

D. 圆柱的母线长相等

3. 直角三角形三边长分别为 3，4，5，绕着其中一边旋转得到圆锥，对所有可能的结果描述不对的是(　　).

A. 是底面半径为 3 的圆锥　　B. 是底面半径为 4 的圆锥

C. 是底面半径为 5 的圆锥　　D. 是母线长为 5 的圆锥

4. 关于斜二测法画直观图说法不正确的是(　　).

A. 在实物图中选取的坐标系不同，所得的直观图有可能不同

B. 平行于坐标轴的线段在直观图中仍然平行于坐标轴

C. 平行于坐标轴的线段长度在直观图中仍然保持不变

D. 坐标轴的夹角可能是 $135°$

5. 如图所示，$\triangle A'B'C'$是$\triangle ABC$ 的直观图，其中 $A'B'=A'C'$，$A'B/\!/x'$轴，$A'C'/\!/y'$轴，则$\triangle ABC$ 是(　　).

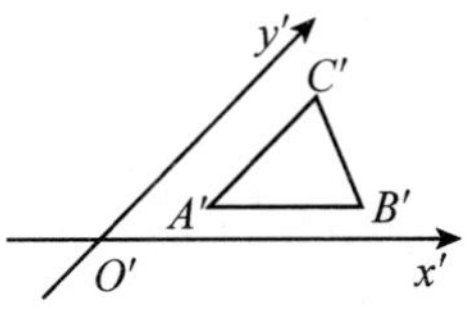

第 5 题图

A. 等腰三角形

B. 钝角三角形

4. 求直线 l：$x+2y-3=0$ 被圆 C：$x^2+y^2+2y-9=0$ 所截得的线段的长．

第六单元测试卷(二)

班级________姓名________座号________

(45 分钟，满分 100 分)

一、选择题(共 40 分，每题 5 分)

1. 已知点 $P(-1, 8)$，PQ 的中点为 $M(-3, -2)$，则点 Q 的坐标为(　　).

A. $(-5, -12)$　　B. $(1, 18)$

C. $(-2, 3)$　　D. $(1, 5)$

2. 已知两点 $A(2, 0)$，$B(1, 2)$，则直线 AB 的斜率为(　　).

A. $\frac{2}{3}$　　B. 2　　C. -2　　D. $-\frac{1}{2}$

3. 直线 $\sqrt{3}x+y-1=0$ 的倾斜角和在 y 轴上的纵截距分别为(　　).

A. $-\frac{\pi}{3}$，1　　B. $\frac{2\pi}{3}$，1

C. $\frac{\pi}{6}$，$\frac{\sqrt{3}}{3}$　　D. $\frac{5\pi}{6}$，$\frac{\sqrt{3}}{3}$

4. 过点$(1, 1)$且与直线 $x+2y-2=0$ 平行的直线的方程为(　　).

A. $x+2y-3=0$　　B. $x-2y+1=0$

C. $2x-y-1=0$　　D. $2x+y-3=0$

5. 两条直线 l_1：$2x+y-3=0$，l_2：$ax-2y-4=0$ 垂直，则 $a=$(　　).

A. -2　　B. 2　　C. -1　　D. 1

6. 下列各点在圆 $(x-2)^2+(y+2)^2=4$ 内的是(　　).

A. $(1, 2)$　　B. $(1, -1)$

C. $(-1, 0)$　　D. $(4, -2)$

7. 已知圆的方程为 $x^2+y^2-2x-4y-3=0$，则该圆的圆心和半径分别为(　　).

A. $(2, 4)$，$r=8$　　B. $(1, 2)$，$r=8$

C. $(2, 4)$，$r=2\sqrt{2}$　　D. $(1, 2)$，$r=2\sqrt{2}$

4. 求经过直线 l_1：$x+2y+1=0$ 与直线 l_2：$y+2x-1=0$ 的交点，圆心为 $C(4，3)$的圆的方程 .

第六单元测试卷(一)

班级________姓名________座号________

(45 分钟，满分 100 分)

一、选择题(共 40 分，每题 5 分)

1. 直线 $x-\sqrt{3}y+1=0$ 的倾斜角为(　　).

A. $\frac{\pi}{6}$　　B. $\frac{\pi}{3}$　　C. $\frac{2\pi}{3}$　　D. $\frac{5\pi}{6}$

2. 已知点 $M(\sqrt{2},-\sqrt{3})$，$N(-\sqrt{3},\sqrt{2})$，则直线 MN 的倾斜角为(　　).

A. $45°$　　B. $135°$　　C. $60°$　　D. $75°$

3. 直线 $x-5y+10=0$，在 x 轴、y 轴上的截距分别为(　　).

A. -10 和 2　　B. 2 和 -10

C. 1 和 -5　　D. -1 和 5

4. 已知直线的斜率是 -1，则直线的倾斜角的弧度数为(　　).

A. $\frac{\pi}{4}$　　B. $\frac{3\pi}{4}$　　C. $-\frac{\pi}{4}$或$\frac{3\pi}{4}$　　D. $-\frac{\pi}{4}$

5. 垂直于 x 轴，且过点 $P(1,3)$的直线的方程为(　　).

A. $x=1$　　B. $y=3$　　C. $y=3x$　　D. 1

6. 点 $P(5,7)$到直线 $4x-3y-1=0$ 的距离为(　　).

A. $\frac{2}{25}$　　B. 8　　C. $\frac{2}{5}$　　D. 4

7. 圆心为点 $C(3,-1)$，半径为 4 的圆的方程为(　　).

A. $(x+3)^2+(y-1)^2=16$　　B. $(x+3)^2+(y-1)^2=4$

C. $(x-3)^2+(y+1)^2=16$　　D. $(x-3)^2+(y+1)^2=4$

8. 要使直线 l_1：$x+3y-4=0$ 与 l_2：$2x-\lambda y+3=0$ 平行，λ 的值必须等于(　　).

A. 0　　B. -6　　C. 4　　D. 6

二、填空题(共 20 分，每题 5 分)

1. 点 $P(a+1,2a-1)$在直线 $x-2y=0$ 上，则 a 的值为________.

2. 圆 C：$x^2+y^2+6x-8y=0$ 的圆心坐标为________，半径为________.

3. 设点 P 到直线 $3x-4y+6=0$ 的距离为 6，且点 P 在 x 轴上，则点 P 的坐标为________.

4. 圆 $x^2+y^2+6x-4y-3=0$ 的标准方程为________________.

三、解答题(共 40 分，每题 10 分)

1. 求过直线 $3x+2y+1=0$ 与 $2x-3y+5=0$ 的交点，且平行与直线 l：$6x-2y+5=0$ 的直线的方程.

2. 已知直线 l 经过点 $M(2, -1)$，且垂直于直线 $2x+y-1=0$，求直线 l 的方程.

3. 求过圆 $x^2+y^2=4$ 上一点 $M(1, -\sqrt{3})$ 的圆的切线的方程．

8. 直线 $2x-y+7=0$ 与圆 $(x-1)^2+(y+1)^2=20$ 的位置关系为(　　).

A. 相离　　　　B. 相切

C. 相交且过圆心　　　　D. 相交且不过圆心

二、填空题(共 20 分，每题 5 分)

1. 斜率为 2，且在 x 轴上的横截距为 7 的直线的一般式方程为________.

2. 已知 $A(-3,\ -1)$，$B(x,\ 1)$，且 $AB=\sqrt{13}$，则 $x=$________.

3. 圆心为点 $(-1,\ 2)$ 且与直线 $2x+y+5=0$ 相切的圆的方程为________.

4. 若方程 $x^2+y^2+4x-6y+m=0$ 表示圆，则 m 的取值范围为________.

三、解答题(共 40 分，每题 10 分)

1. 已知三角形的三个顶点的坐标分别为 $O(0,\ 0)$，$A(1,\ -2)$，$B(-1,\ 4)$. 求

(1)三角形 AB 边上的高 OD 所在直线的方程；

(2)$\triangle OAB$ 外接圆的方程 .

2. 已知直线 l_1：$y=-3x+4$ 与 l_2：$y=x$ 的交点为 M，圆 $(x-4)^2+y^2=4$ 的圆心为 C，求直线 CM 的方程 .

3. 求过点 $P(3,-1)$ 且与圆 C：$(x-4)^2+(y+3)^2=5$ 相切的直线的方程．

C. 等腰直角三角形

D. 直角三角形

6. 已知圆柱 OO' 的底面半径为 3，母线长为 2，则圆柱的侧面积为(　　).

A. 12π　　B. 6π　　C. 18π　　D. 16π

7. 已知圆锥 OO' 的底面半径为 3，母线长为 5，则圆锥的体积为(　　).

A. 12π　　B. 6π　　C. 13π　　D. 8π

8. 如果两个球的体积之比为 8∶27，那么两个球的表面积之比为(　　).

A. 8∶27　　B. 2∶3　　C. 4∶9　　D. 2∶9

二、填空题(共 20 分，每题 5 分)

1. 下列关于多面体的说法：

(1)底面是矩形的直棱柱是长方体；

(2)底面是正方形的棱锥是正四棱锥；

(3)两底面都是正方形的棱台是正棱台；

(4)正四棱柱就是正方体.

正确的是____________.

2. 圆柱 OO' 的底面半径为 1，母线长为 2，AA' 是圆柱的一条母线，则由点 A 绕圆柱侧面一周到达点 A' 的最短距离为________.

3. 长方体 $ABCD\text{-}A_1B_1C_1D_1$ 中，$AB=3$，$BC=BB_1=2$，则长方体的体积为________.

4. 底面边长和高都为 2 的正四棱锥的表面积为______________.

三、解答题(共 40 分，每题 10 分)

1. 如图所示，四边形 $ABCD$ 为平行四边形，$EF /\!/ AB$，且 $EF<AB$.

(1)如图(a)所示，用平行于平面 EDA 的平面截几何体，将几何体分成两部分，试说明各部分的结构特征，并用符号表示.

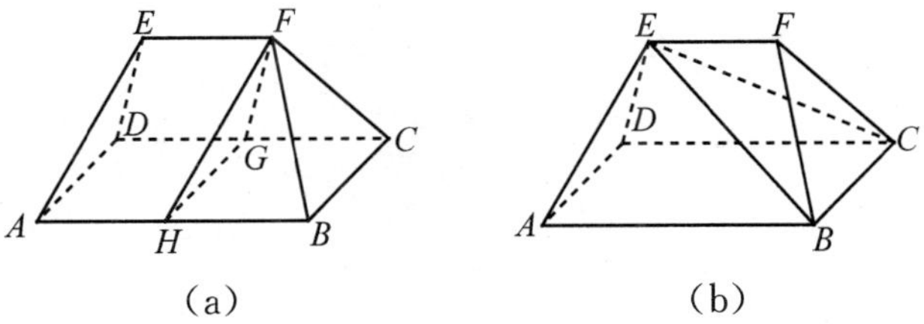

第 1 题图

(2)如图(b)所示，用平面 EBC 截几何体，将几何体分成两部分，试说明各部分的结构特征，并用符号表示；

2. 画出下面几何体的三视图．

第 2 题图

8. 若一个正方体的边长为 2，则它的内切球与外接球的体积比是(　　).

A. $1:2$　　B. $1:3\sqrt{3}$　　C. $1:3$　　D. $1:2\sqrt{2}$

二、填空题(共 20 分，每题 5 分)

1. 一个几何体的正视图为一个三角形，则这个几何体可能是下列几何体中的________(填入所有可能的几何体前的编号).

①三棱锥；②四棱锥；③三棱柱；④四棱柱；⑤圆锥；⑥圆柱 .

2. 在五棱柱中，不同在任何侧面且不同在任何底面的两顶点的连线称为它的对角线，那么一个五棱柱的对角线共有________条 .

3. 已知球的半径为 10 cm，一个截面圆的面积是 $36\pi\ cm^2$，则球心到截面圆圆心的距离为________.

4. 若圆锥的侧面积是底面积的 2 倍，则其母线与轴所成的角的大小为________.

三、解答题(共 40 分，每题 10 分)

1. 图中是一个几何体的正视图和俯视图 .

(1)试判断该几何体是什么几何体 .

(2)画出其左视图，并求该平面图形的面积；

(3)求出该几何体的体积 .

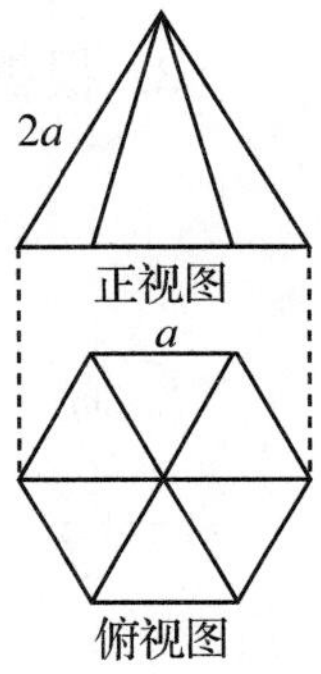

第 1 题图

2. 如图所示，在长方体 $ABCD$-$A_1B_1C_1D_1$ 中，用截面截下一个棱锥 C-A_1DD_1，求棱锥 C-A_1DD_1 的体积与剩余部分的体积的比.

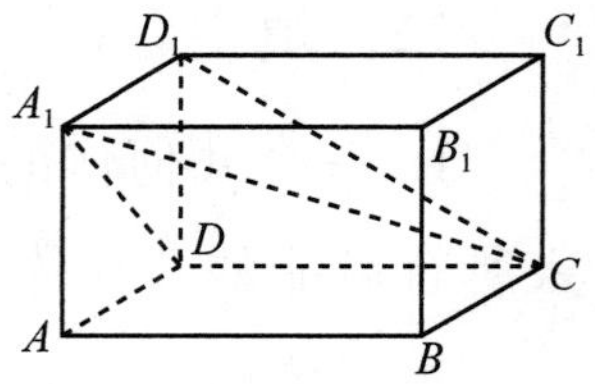

第 2 题图

3. 根据图中某几何体的三视图，利用斜二测法画出该几何体的直观图.

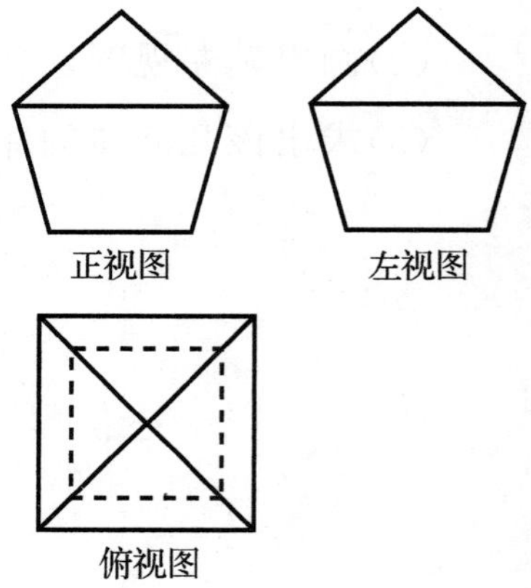

第 3 题图

8. 掷 1 颗骰子，事件“点数是偶数”发生的概率为(　　).

A. $\frac{1}{2}$　　B. $\frac{1}{3}$　　C. $\frac{1}{4}$　　D. $\frac{1}{5}$

二、填空题(共 15 分，每题 3 分)

1. 甲、乙两人进行击剑比赛，甲获胜的概率是 0.4，两人战平的概率是 0.3，则甲不输的概率为________.

2. 某中职班电子班 36 人中 A 型血 12 人，B 型血 10 人，AB 型血 8 人，O 型血 6 人. 如果从全班 36 人中随机抽 1 人，其是 A 型血的概率为________.

3. 要从一个班的 14 名报名女生中选 2 人参加校礼仪队成立大会，抽样方法应选________.

4. 随机抽查某商店五月份中 6 天的营业额，分别如下(单位：万元).

3.1　3.0　2.9　3.0　3.4　3.2

试估计这个商店五月份的营业额大约是________万元.

5. 掷一枚硬币 4 次，第 4 次是正面的概率是________.

三、解答题(共 45 分，每题 15 分)

1. 将牌面上的数字分别为 4，5，6，7，8，9 的 6 张扑克牌背面朝上，将牌洗匀后，从中任意抽出一张.

(1)求牌面上的数字恰好是 3 的倍数的概率；

(2)求牌面上的数字大于 5 的概率.

2. 一副 54 张的扑克牌，其中大王、小王各一张，黑桃、红桃、梅花、方块各 13 张.

(1)从中抽取一张，求抽到大王或小王的概率；

(2)从中抽取一张，求抽到梅花的概率.

7. 下列事件中必然事件的个数是(　　)个.

(1)当 x 是实数时，$|x|\geqslant 0$；

(2)气温在－20 ℃时，会下雨；

(3)导体通电，发热；

(4)在含有 5 件次品的 100 件产品任意抽取 3 件，没有一件次品；

(5)在标准大气压下，温度为 50 ℃的水处于气态；

(6)连续抛一枚硬币两次，都是正面向上.

A. 2　　　　B. 4

C. 5　　　　D. 6

8. 现有 60 瓶矿泉水，编号为 1～60，若从中抽取 6 瓶检验，采用系统抽样确定所抽的编号可能为(　　).

A. 3，13，23，33，43，53

B. 2，14，26，38，42，56

C. 5，8，31，36，48，54

D. 5，10，15，20，25，30

二、填空题(共 15 分，每题 3 分)

1. 一组数据 100，97，99，101，103，它们的标准差为__________.

2. 为了调查某市中职学生的视力情况，从中抽选了 200 名学生测试视力，这 200 学生的视力情况是一个__________.

3. 如果某种试验共有 n 个基本事件，并且每一个基本事件发生的可能性相同，事件 A 包含 m 个基本事件，那么事件 A 发生的概率为__________.

4. 在集合$\{-3，-2，-1，0，1，2，3\}$中任取两个不同的数，则这两个数恰好互为相反数的概率为__________.

5. 在一次跳水比赛中，6 位裁判员给运动员完成的动作打分，成绩如下(单位：分).

9.7，9.2，9.6，8.9，9.2，9.4.

按照比赛规则，要去掉一个最高分和一个最低分，则跳水运动员的平均成绩为________.

三、解答题(共 45 分，每题 15 分)

1. 为了解中职学生的年龄结构，从某中职学校随机抽选了 50 名学生，其年龄如下.

16，16，16，16，17，18，15，16，16，17，16，17，17，17，17，15，16

15，16，16，16，16，15，17，17，16，16，18，18，18，18，18，16，17

16，16，16，17，17，17，15，17，16，16，17，17，17，17，16，16.

(1)试对以上数据进行整理，列出频率分布表.

(2)画出频率直方图.

2. 某商场周年庆进行抽奖活动，已知共有 1 000 张奖券，其中一等奖 10 张，二等奖 20 张，三等奖 30 张，从中抽取 1 张，求中奖的概率.

9. 圆柱的侧面展开图是(　　).

A. 三角形　　B. 扇形　　C. 平行四边形　　D. 矩形

10. 直线 $x=2$ 与直线 $y=-3$ 的交点坐标为(　　).

A. $(-2, 3)$　　B. $(2, 0)$　　C. $(0, -3)$　　D. $(2, -3)$

11. 直线 $3x+4y-21=0$ 与圆 $(x-1)^2+(y-2)^2=4$ 位置关系是(　　).

A. 相离　　B. 相交不过圆心

C. 相交且过圆心　　D. 相切

12. 直线 $y=2x-5$ 经过第(　　)象限.

A. 一、二、三　　B. 二、三、四　　C. 一、三、四　　D. 一、二、四

13. 过圆上的点 $P(-1, 4)$ 与圆 $(x-2)^2+y^2=25$ 相切的直线的斜率为(　　).

A. $\frac{4}{3}$　　B. $-\frac{4}{3}$　　C. $-\frac{3}{4}$　　D. $\frac{3}{4}$

二、填空题(共 5 小题，每小题 4 分，共 20 分)

14. 过点 $(5, 2)$，斜率为 3 的直线的方程为__________.

15. 指出下图左侧视图是右侧组合体的________视图(填正、左、俯).

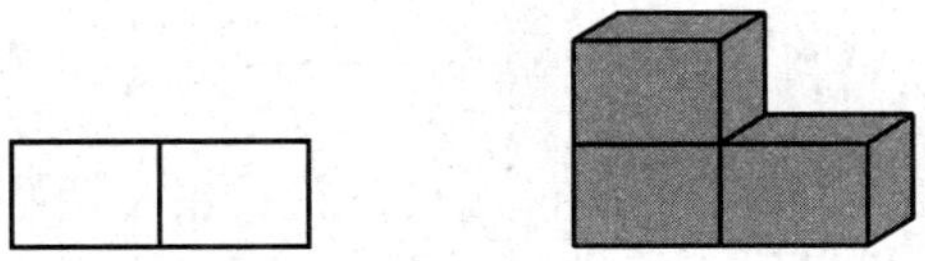

第 15 题图

16. 边长为 1 cm 的正方体的表面积为________.

17. 过点 $M(2, -1)$，且垂直于直线 $2x+y-1=0$ 的直线 l 的方程为____________.

18. 圆心为点 $(-4, 1)$ 且与 y 轴相切的圆的标准方程为______________.

三、解答题(共 4 小题，19，20 题各 6 分，21，22 题各 8 分，共 28 分)

19. 已知正三棱柱的底面边长为 6，高为 4，求其表面积.

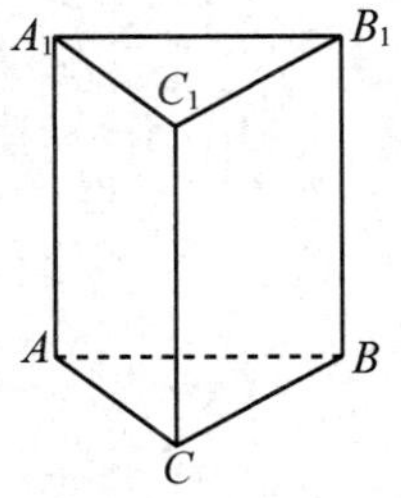

第 19 题图

20. 已知点 $A(-1, 1)$，$B(5, 3)$，求以线段 AB 为直径的圆的方程．

21. 已知$\triangle ABC$ 的三个顶点的坐标分别为 $A(1, 0)$，$B(3, 2)$，$C(5, -1)$，求 AB 边上的中线 CD 所在直线的方程．

8. 过圆上一点 $A(3, 3)$作圆$(x-2)^2+(y-3)^2=1$ 的切线，则切线的斜率为(　　).

A. 0

B. 1

C. $\frac{\sqrt{2}}{2}$

D. 不存在

9. 直线 $y=\frac{\sqrt{2}}{2}$与圆$(x+3)^2+(y+4)^2=1$ 的位置关系是(　　).

A. 相交　　B. 相切　　C. 相离　　D. 相交过圆心

10. 直线 $2x-y+16=0$ 与两坐标轴围成的三角形的面积为(　　).

A. 32　　B. 64　　C. 128　　D. 48

11. 直线 $x+y-1=0$ 被圆$(x-3)^2+(y+2)^2=4$ 截得的弦长为(　　).

A. 4　　B. 1　　C. $\frac{\sqrt{2}}{2}$　　D. 3

12. 已知平行四边形 $ABCD$ 的三个顶点的坐标分别为 $A(1, 0)$，$B(3, 2)$，$C(5, -1)$，则点 D 的坐标为(　　).

A. $(-3, 3)$　　B. $(3, -4)$　　C. $(4, -2)$　　D. $(3, -3)$

13. 过圆外一点 $P(3, 2)$作圆$(x-1)^2+(y+2)^2=4$ 的切线，则点 P 到切点的距离为(　　).

A. 2　　B. $2\sqrt{5}$　　C. 4　　D. 3

二、填空题(共 4 小题，每小题 5 分，共 20 分)

14. 已知正方体的边长为 4 cm，则该正方体的内切球的表面积为__________.

15. 侧棱长为 a 的正三棱锥，如果底面周长为 $4a$，则这个棱锥的侧面积为________.

16. 到定点$(-2, 1)$的距离等于 5 的点的轨迹方程为____________________.

17. 圆外一点 $A(-3, -1)$到圆 $x^2+y^2-4x-12=0$ 的最大距离为__________.

三、解答题(共 4 小题，18，19 题各 6 分，20，21 题各 8 分，共 28 分)

18. Rt$\triangle ABC$ 中，$\angle C$ 为直角，点 B 在 y 轴上，已知 $A(2, -1)$，$C(4, 1)$，求点 B 的坐标.

19. 求过点 $P(-1, 1)$和 $Q(1, 3)$，且圆心在 x 轴上的圆的方程．

20. 一个空间几何体的三视图如下图所示，正视图、左视图是边长为 4 cm 的等边三角形．

(1)画出该几何体的直观图；

(2)计算该几何体的表面积和体积．

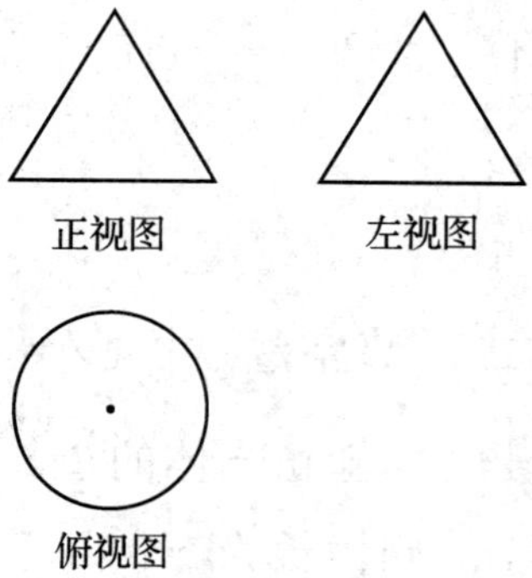

第 20 题图

9. 正四棱锥底面正方形的边长为 6，高为 9，则它的体积为(　　).

A. 324　　B. 108

C. 36　　D. 54

10. 圆柱的底面半径为 1，高为 3，则圆柱的体积为(　　).

A. π　　B. 3π

C. 6π　　D. 12π

11. 已知样本数据 0，1，3，8，8，则该样本的均值为(　　).

A. 3　　B. 4

C. 5　　D. 8

12. 将一枚硬币向上抛掷 10 次，其中“正面向上恰有 5 次”是(　　).

A. 必然事件　　B. 随机事件

C. 不可能事件　　D. 无法确定

13. 袋中装有 6 个白球、5 个黄球、4 个红球，从中任取一球抽到白球的概率为(　　).

A. $\frac{2}{5}$　　B. $\frac{4}{15}$

C. $\frac{3}{5}$　　D. 非以上答案

二、填空题(共 5 小题，每小题 4 分，共 20 分)

14. 已知两条直线的方程分别为 l_1：$x+y=1$，l_2：$ax+2y=0$，若 $l_1 \perp l_2$，则 $a=$______.

15. 在平面直角坐标系中，经过三点(0，0)，(1，1)，(2，0)的圆的方程为____________________.

16. 如图所示，图①②③是图④表示的几何体的三视图，其中图①是________，图②是________，图③是________(写出视图名称).

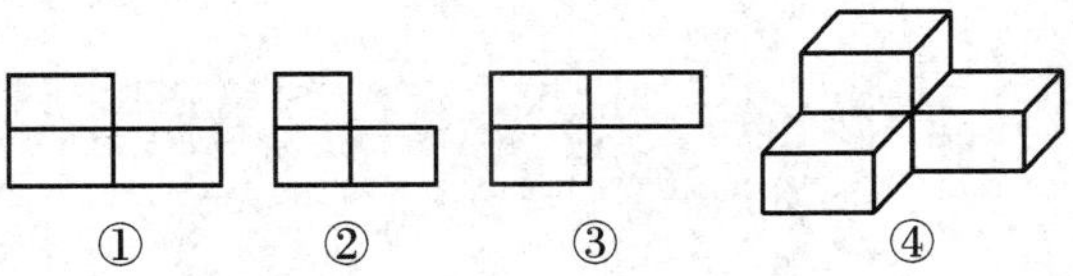

第 16 题图

17. 一个球的表面积是 16π，那么这个球的体积为__________.

18. 从一箱产品中随机地抽取一件，设事件 $A=\{$抽到一等品$\}$，事件 $B=\{$抽到二等品$\}$，事件 $C=\{$抽到三等品$\}$，且已知 $P(A)=0.65$，$P(B)=0.2$，$P(C)=0.1$，则事件“抽到的产品不是一等品”的概率为________.

三、解答题(共 4 小题，19，20 题各 6 分，21，22 题各 8 分，共 28 分)

19. 如图所示，已知直线 l 经过点 $A(0,3)$，斜率为 2，$P(0,m)$是 y 轴上的一动点 .

(1)求直线 l 的方程；(2 分)

(2)当 m 为何值时，点 P 到直线 l 的距离是$\sqrt{5}$.(4 分)

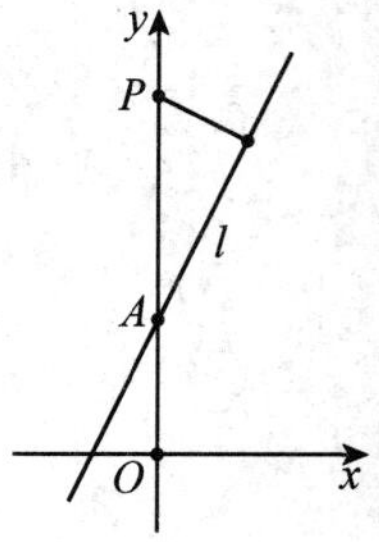

第 19 题图

20. 已知圆 M 与直线 $x-y=0$ 及 $x-y+4=0$ 都相切，且圆心在直线 $y=-x+2$ 上，求圆 M 的标准方程 .

9. 已知圆锥的表面积等于 $12\pi\ cm^2$，其侧面展开图是一个半圆，则底面圆的半径为(　　).

A. 1 cm　　B. 2 cm

C. 3 cm　　D. $\frac{3}{2}$ cm

10. 用斜二测法画水平放置的矩形的直观图，则直观图的面积与原矩形的面积之比为(　　).

A. $\frac{1}{2}$　　B. $\frac{\sqrt{2}}{2}$

C. $\frac{\sqrt{2}}{3}$　　D. $\frac{\sqrt{2}}{4}$

11. 从 1，2，3，4，5 这五个数中任取两个数，其中：①恰有一个是偶数和恰有一个是奇数；②至少有一个是奇数和两个都是奇数；③至少有一个是奇数和两个都是偶数；④至少有一个是奇数和至少有一个是偶数．上述事件中，是对立事件的是(　　).

A. ①　　B. ②④　　C. ③　　D. ①③

12. 某产品分甲、乙、丙三级，其中乙、丙两级均属次品，在正常生产情况下，出现乙级品和丙级品的概率分别是 0.05 和 0.03，则抽检一件是正品(甲级品)的概率为(　　).

A. 0.95　　B. 0.97　　C. 0.92　　D. 0.08

13. 容量为 20 的样本数据，分组后的频数见下表．

分组	[10，20)	[20，30)	[30，40)	[40，50)	[50，60)	[60，70)
频数	2	3	4	5	4	2

则样本数据落在区间[10，40)的频率为(　　).

A. 0.35　　B. 0.45　　C. 0.55　　D. 0.65

二、填空题(共 5 小题，每小题 4 分，共 20 分)

14. 若过两点 $A(-m, 6)$，$B(1, 3m)$的直线的斜率为 12，则直线的方程为________.

15. 已知圆 C：$(x-6)^2+(y-8)^2=4$，O 为坐标原点，则以 OC 为直径的圆的方程为________.

16. 已知正方体的棱长为 1，其俯视图是一个面积为 1 的正方形，左视图是一个面积为$\sqrt{2}$的矩形，则该正方体的正视图的面积为________.

17. 如图所示，正四棱锥 P-$ABCD$ 的底面边长为 $2\sqrt{3}$ cm，侧面积为 $8\sqrt{3}\ cm^2$，则它的体积为________ cm^3.

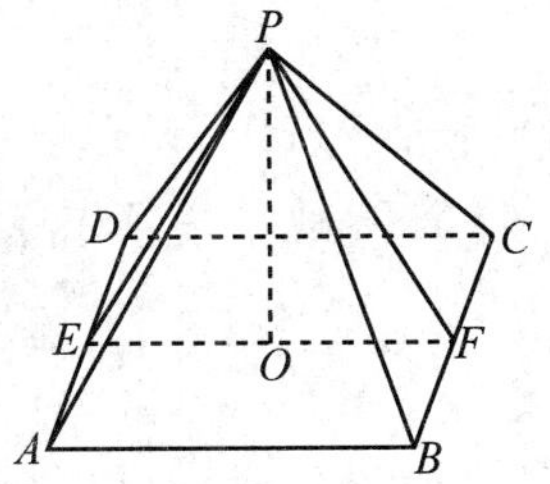

第 17 题图

18. 甲、乙两人下棋，两人下成和棋的概率是$\frac{1}{2}$，乙获胜的概率是$\frac{1}{3}$，则乙不输的概率是________.

三、解答题(共 4 小题，19，20 题各 6 分，21，22 题各 8 分，共 28 分)

19. 已知以点 P 为圆心的圆经过点 $A(-1, 0)$和 $B(3, 4)$，线段 AB 的垂直平分线交圆 P 于点 C 和 D，且 $CD=4\sqrt{10}$.

(1)求直线 CD 的方程；(2 分)

(2)求圆 P 的方程．(4 分)

20. 已知圆 C 经过点 $A(2, -1)$，和直线 $x+y=1$ 相切，且圆心在直线 $y=-2x$ 上．

(1)求圆 C 的方程；(3 分)

(2)已知直线 l 经过原点，并且被圆 C 截得的弦长为 2，求直线 l 的方程．(3 分)

目 录

第六单元　直线与圆的方程

第七单元 简单几何体

第八单元 概率与统计

第六单元 · 直线与圆的方程

§6.1 两点间的距离公式及中点坐标公式

6.1.1 两点间的距离公式

笔 记

知识要点

如图 6-1 所示，平面直角坐标系内任意两点 $P_1(x_1, y_1)$，$P_2(x_2, y_2)$ 之间的距离公式为 $P_1P_2=\sqrt{(x_2-x_1)^2+(y_2-y_1)^2}$.

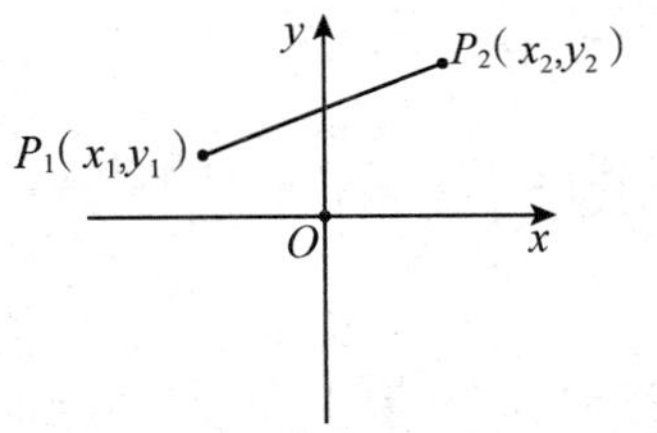

图 6-1

运用举例

例 1 求 $A(-4, 1)$，$B(2, -5)$两点间的距离.

解 A，B 两点间的距离为

$AB=\sqrt{(-4-2)^2+[1-(-5)]^2}=6\sqrt{2}$.

例 2 已知四边形 $ABCD$ 的四个顶点的坐标分别为 $A(-2, -2)$，$B(1, -3)$，$C(3, 3)$，$D(0, 4)$，试判断这个四边形 $ABCD$ 的形状.

分析 由两点间的距离公式分别求出四边形四条边的长，发现两组对边分别相等，从而判断四边形是平行四边形.

解　$AB=\sqrt{(1+2)^2+(-3+2)^2}=\sqrt{10}$，

$BC=\sqrt{(3-1)^2+(3+3)^2}=2\sqrt{10}$，

$CD=\sqrt{(0-3)^2+(4-3)^2}=\sqrt{10}$，

$AD=\sqrt{(0+2)^2+(4+2)^2}=2\sqrt{10}$.

因为 $AB=CD$，$BC=AD$，

所以四边形 $ABCD$ 为平行四边形.

改错与反思

同步训练 6.1.1

水平一

1. 已知两点 $A(2, 5)$，$B(4, 1)$，则线段 AB 的长 $AB=$________.

2. 已知两点 $C(-2, 3)$，$D(1, -1)$，则线段 CD 的长 $CD=$________.

3. 已知点 $A(-3, -4)$，则原点到点 A 的距离 $OA=$________.

4. 已知线段 AB 的长为 10，点 $A(x, 6)$，点 $B(y, 0)$，则 $y-x=$(　　).

A. 8　　B. -8　　C. ± 8　　D. 4

5. 已知线段 MN 的长为 5，点 M 的坐标为$(x, 4)$，点 N 的坐标为$(2, 1)$，则点 M 的横坐标 $x=$(　　).

A. -2　　B. 2　　C. 6　　D. -2 或 6

水平二

1. 已知 y 轴上一点 A 到点 $B(2, 4)$的距离为$\sqrt{13}$，则点 A 的坐标为________.

2. 已知一次函数 $y=2x+1$ 图像上一点 A 到点 $P(-1, 0)$的距离为 1，求点 A 的坐标.

3. 已知三角形的三个顶点的坐标分别为 $A(1, 2)$，$B(4, 0)$，$C(0, -6)$，判断$\triangle ABC$ 的形状.

6.1.2 中点坐标公式

笔 记

知识要点

如图 6-2 所示，已知平面直角坐标系内任意两点 $P_1(x_1, y_1)$，$P_2(x_2, y_2)$，则线段 P_1P_2 的中点 $P(x_0, y_0)$的坐标为

$$x_0=\frac{x_1+x_2}{2}, \quad y_0=\frac{y_1+y_2}{2}.$$

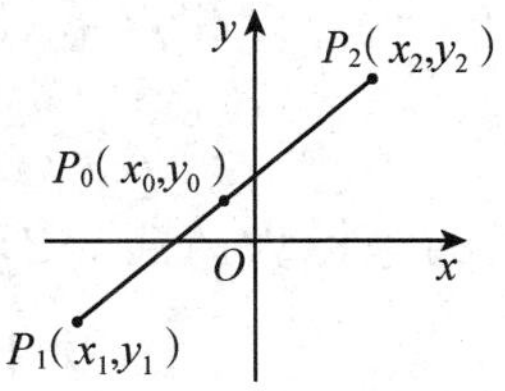

图 6-2

运用举例

例 1 已知两点坐标 $A(-4, 1)$，$B(2, -5)$，求 AB 的中点 C 的坐标.

解 AB 的中点 C 的坐标为$\left(\frac{-4+2}{2}, \frac{1-5}{2}\right)$，即$(-1, -2)$.

例 2 已知$\triangle ABC$ 的三个顶点的坐标分别为 $A(3, 0)$，$B(-2, 1)$，$C(0, 3)$，试求 BC 边上的中线 AD 的长.

解 设 BC 的中点 D 的坐标为(x_D, y_D)，则由 $B(-2, 1)$，$C(0, 3)$ 得 $x_D=\frac{-2+0}{2}=-1$，$y_D=\frac{1+3}{2}=2$.

故 $AD=\sqrt{(-1-3)^2+(2-0)^2}=2\sqrt{5}$，

即 BC 边上的中线 AD 的长为 $2\sqrt{5}$.

例 3 已知四边形 $ABCD$ 的四个顶点的坐标分别为 $A(-2, -2)$，$B(1, -3)$，$C(3, 3)$，$D(0, 4)$，试判断这个四边形 $ABCD$ 的形状.

分析 根据中点坐标公式求出两条对角线的中点坐标，根据中点坐标判断四边形的形状.

解 对角线 AC 的中点坐标为$\left(\frac{-2+3}{2}, \frac{-2+3}{2}\right)$，即$\left(\frac{1}{2}, \frac{1}{2}\right)$.

对角线 BD 的中点坐标为$\left(\frac{1+0}{2}, \frac{-3+4}{2}\right)$，即$\left(\frac{1}{2}, \frac{1}{2}\right)$.

因两条对角线被点$\left(\frac{1}{2}，\frac{1}{2}\right)$平分，故四边形 $ABCD$ 为平行四边形．

改错与反思

同步训练 6.1.2

水平一

1. 已知点 $A(1，3)$，$B(5，1)$，则线段 AB 的中点坐标为________．

2. 已知点 $M(0，-2)$，$N(-2，4)$，则线段 MN 的长 $MN=$______，线段 MN 的中点 P 的坐标为________．

3. 已知点 $Q(4，n)$是点 $P(m，2)$和点 $R(3，8)$连线的中点，则 $m=$________，$n=$________．

4. 已知$\triangle ABC$ 的三个顶点的坐标为 $A(2，2)$，$B(-4，6)$，$C(-3，-2)$，则 AB 边上的中点 D 的坐标为________，AB 边上的中线 CD 的长为________．

5. 已知点 $M(6，-4)$为线段 AB 的中点，且点 A 的坐标为$(4，-6)$，则点 B 的坐标为________．

6. 已知点 $A(-2，3)$关于点 $P(x，-1)$的对称点为点 $B(6，y)$，则 $x=$________，$y=$________．

7. 平行四边形 $ABCD$ 中，$A(3，1)$，$C(7，-1)$，则对角线交点的坐标为(　　)．

A. $(5，0)$　　B. $(4，-2)$　　C. $(10，0)$　　D. $(7，4)$

水平二

1. 已知点 $A(4，3)$，$B(6，-2)$，求以线段 AB 为直径的圆的圆心坐标与半径．

2. 已知平行四边形 $ABCD$ 的三个顶点的坐标分别为 $A(-1，-3)$，$B(3，0)$，$C(5，4)$，求点 D 的坐标．

3. 已知$\triangle ABC$的三个顶点的坐标分别为$A(-3, 0)$，$B(-1, -2)$，$C(5, 4)$，D，E分别为AB，AC边上的中点，求中位线DE的长．

数学窗

解析几何的基本思想

解析几何产生之前，几何就是单纯的研究图形的学问，而代数是用来研究方程的．二者没有任何联系，传统的几何过于抽象，过多地依赖于图形，以至于“它只能使人在想象力大大疲乏的情况下，去练习理解力”，而传统的代数也存在过多地依赖法则和公式的问题，以至于“成为一种充满混杂与晦暗、故意用来阻碍思想的艺术，而不像一门改进思想的科学”．笛卡儿主张采取代数和几何中一切最好的东西，互相以长补短．

笛卡儿设想建立一种新的数学方法，将代数、几何统一起来，于是他开始研究把代数用到几何上，包括用方程来表示曲线．为了解决相关问题，笛卡儿从天文学和地理学的经度与纬度出发，引入了坐标，后来也就发展为现在的平面上的点和数对(x, y)的对应关系．不同的x，y可以确定平面上的不同的点，这样就可以用代数方法来研究曲线的性质了．这也是解析几何的基本思想．

——部分内容摘自《古今数学思想(第二册)》，作者为M. 克莱因，北京大学数学系数学史翻译组译，上海科学技术出版社1979年出版．

笔　记

§6.2　直线的倾斜角及斜率

6.2.1　直线的倾斜角

知识要点

如图 6-3 所示，在平面直角坐标系中，我们把直线 l 向上的方向与 x 轴正方向所夹的最小正角叫作直线 l 的倾斜角，通常用 α，β，…来表示．我们规定与 x 轴平行或重合的直线的倾斜角为 0°，因此，直线的倾斜角 α 的取值范围为 $0°\leqslant\alpha<180°$.

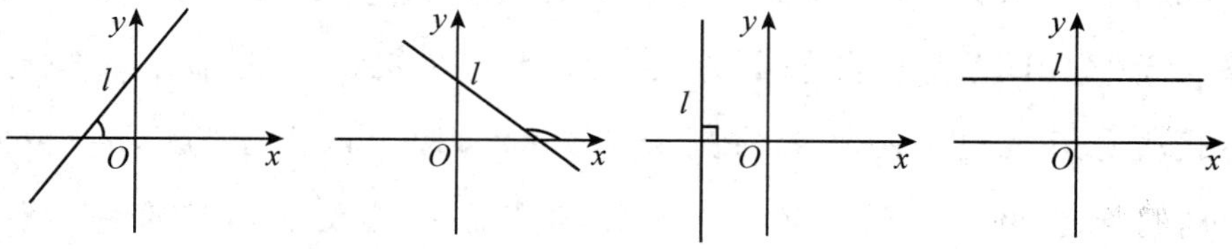

图 6-3

运用举例

例　当直线和 x 轴平行或重合时，倾斜角为(　　).

A. 180°　　B. 0°　　C. 90°　　D. −180°

答案　B.

改错与反思

同步训练 6.2.1

水平一

1. 若直线的倾斜角为锐角，直线从左往右________；若直线的倾斜角为钝角，直线从左往右________.

2. x 轴所在直线的倾斜角为________.

3. y 轴所在直线的倾斜角为________.

4. 已知直线 l_1 的倾斜角为 36°，直线 $l_2 /\!/ l_1$，则直线 l_2 的倾斜角为________.

5. 已知直线 l_1 的倾斜角为 36°，直线 $l_2 \perp l_1$，则直线 l_2 的倾斜角为________.

6. 过点 $A(2，-3)$且平行于 y 轴的直线的倾斜角为________.

水平二

1. 已知直线 l_1 的倾斜角为 $143°$，直线 $l_2 /\!/ l_1$，则直线 l_2 的倾斜角为________.

2. 已知直线 l_1 的倾斜角为 $143°$，直线 $l_2 \perp l_1$，则直线 l_2 的倾斜角为________.

数学窗

解析几何中的坐标法

解析几何运用坐标法可以解决两类基本问题：一类是根据满足给定条件的点的轨迹，通过坐标系建立它的方程；另一类是通过对方程的讨论，研究方程所表示的曲线的性质.

运用坐标法解决问题的步骤是：首先建立坐标系，把已知点的轨迹的几何条件“翻译”成代数方程；其次运用代数工具对方程进行研究；最后把代数方程的性质用几何语言叙述，从而得到原先几何问题的答案.

坐标法的思想促使人们运用各种代数的方法解决几何问题．先前的一些几何学中的难题，运用代数方法后就可迎刃而解了．坐标法为近代数学的机械化证明也提供了有力的工具.

——部分内容摘自《高等数学》，作者为曹治清，上海交通大学出版社2017年出版.

6.2.2　直线的斜率

笔　记

知识要点

1. 直线的斜率 $k=\tan\alpha(\alpha\neq 90°)$.

2. 设点 $P_1(x_1, y_1)$，$P_2(x_2, y_2)$为直线 l 上的任意两点，则直线 l 的斜率 $k=\dfrac{y_2-y_1}{x_2-x_1}(x_1\neq x_2)$.

运用举例

例 1　已知直线 AB 的倾斜角为 $60°$，求该直线的斜率.

分析　根据斜率公式 $k=\tan\alpha$ 求解，要熟记三个特殊角的正切值：

$$\tan 30°=\frac{\sqrt{3}}{3}，\tan 45°=1，\tan 60°=\sqrt{3}.$$

解　根据斜率的定义得 $k=\tan\alpha=\tan 60°=\sqrt{3}$.

例 2　求过点 $A(-2, 3)$和点 $B(3, -1)$的直线的斜率.

解　已知点 $A(-2, 3)$，$B(3, -1)$，根据公式得直线的斜率

$$k=\frac{y_2-y_1}{x_2-x_1}=\frac{-1-3}{3-(-2)}=-\frac{4}{5}.$$

改错与反思

同步训练 6.2.2

水平一

1. 已知直线经过 $A(0, -2)$，$B(4, 2)$两点，则直线的斜率 $k=$________，倾斜角 $\alpha=$________.

2. 已知直线的倾斜角是 $135°$，它的斜率 $k=$________.

3. 直线过点 $A(3, -1)$，$B(3, 2)$，它的斜率 k 为(　　).

A. 0　　　　B. 4

C. 不存在　　　　D. 2

4. 若直线 l 经过点 $A(1, 2)$，$B(4, 2+\sqrt{3})$，则直线 l 的倾斜角为(　　).

A. $30°$　　　　B. $45°$

C. $60°$　　　　D. $90°$

5. 已知直线过点 $A(m, n)$和 $B(n, m)$，则直线的倾斜角为________.

6. 已知直线 l 与直线 m 的夹角为 $\frac{\pi}{6}$，且直线 l 的倾斜角为 $\frac{\pi}{4}$，那么直线 m 的倾斜角为________.

7. 已知直线 l 过点 $A(2, 0)$，$B(m, 3)$，直线 l 的斜率为 $\frac{3}{2}$，求 m 的值.

水平二

1. 下列命题正确的有________________________.

(1)任何一条直线都有倾斜角，也有斜率；

(2)平行于 x 轴的直线的倾斜角是 0 或 π；

(3)直线的斜率范围是 $(-\infty, +\infty)$；

(4)过原点的直线，斜率越大越靠近 x 轴；

(5)两条直线的斜率相等，则它们的倾斜角相等；

(6)两条直线的倾斜角相等，则它们的斜率相等.

2. 已知两点 $A(-2, 1)$，$B(-3, t)$，且直线 AB 的倾斜角为 $120°$，则 $t=$________.

3. 已知直线过点 $(3, m)$ 和点 $(m, 4)$，若直线的倾斜角为钝角，求 m 的取值范围.

§6.3　直线方程

6.3.1　直线的点斜式方程

笔　记

知识要点

1. 若 $P_0(x_0, y_0)$为直线上的点，k 为直线的斜率，则直线的点斜式方程为 $y-y_0=k(x-x_0)$.

2. 过点(x_0, y_0)平行于 x 轴的直线的方程为 $y=y_0$；平行于 y 轴的直线的方程为 $x=x_0$.

运用举例

例　在下列各条件下，分别求出直线的点斜式方程.

(1)直线经过点 $P_0(3, 2)$，倾斜角为 $45°$；

(2)直线经过点 $P_1(0, 2)$，$P_2(-2, 3)$.

分析　(1)已知倾斜角，便可求出斜率，用点斜式方程求解；(2)已知直线过两点，先求出直线的斜率，再应用点斜式方程求解.

解　(1)由于 $\alpha=45°$，故斜率 $k=\tan\alpha=\tan 45°=1$.

又因为直线经过点 $P_0(3, 2)$，所以，直线的方程为

$$y-2=1\times(x-3)=x-3,$$

即 $y-2=x-3$.

(2)直线过点 $P_1(0, 2)$，$P_2(-2, 3)$由斜率公式得

$$k=\frac{y_2-y_1}{x_2-x_1}=\frac{3-2}{-2-0}=-\frac{1}{2}.$$

又因为该直线过点$(0, 2)$，所以点斜式方程为 $y-2=\frac{1}{2}(x-0)$，方程可化为 $y-2=-\frac{1}{2}x$.

同步训练 6.3.1

改错与反思

水平一

1. 过点 $A(5, -3)$，倾斜角为 $0°$ 的直线的方程为(　　).

A. $x=5$　　B. $y=-3$

C. $5x-3y=0$　　D. $x-y-8=0$

2. 过点 $A(-4, 2)$，倾斜角为 $90°$ 的直线的方程为(　　).

A. $x=-4$　　B. $y=2$

C. $4x+2y=0$　　D. $x-y+6=0$

3. 已知直线方程为 $y-8=-3(x+4)$，则直线经过的一个点是(　　).

A. $(8, 4)$　　B. $(-4, 8)$

C. $(4, -8)$　　D. $(4, 8)$

4. 已知直线方程为 $y+3=x-3$，则直线的斜率 $k=$________.

5. 已知直线斜率为 $\frac{1}{3}$，且过点 $(-2, 5)$，求直线的点斜式方程.

6. 已知直线的倾斜角为 $\frac{5\pi}{6}$，且过点 $(3, 0)$，求直线的点斜式方程.

7. 已知直线过两点 $A(-1, -3)$，$B(-2, 1)$，求直线的点斜式方程.

水平二

1. 已知直线的倾斜角与60°互补，且过点(－2，－3)，求直线的点斜式方程．

2. 已知直线的点斜式方程为$y-2=-x-5$，求直线经过的一个点的坐标以及直线的倾斜角．

3. 直线l_1，l_2都过点(3，5)，l_1的倾斜角为45°，$l_2\perp l_1$，求l_2的点斜式方程．

6.3.2 直线的斜截式方程

笔 记

知识要点

1. 直线 l 与 x 轴交点的横坐标 a 称为直线 l 的横截距；直线 l 与 y 轴交点的纵坐标 b 称为直线 l 的纵截距.(图 6-4)

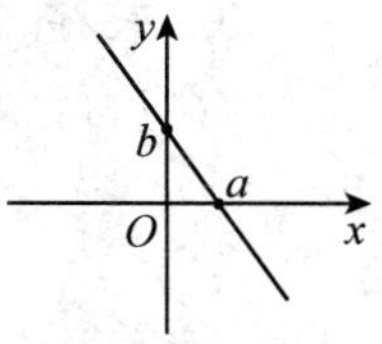

图 6-4

2. 直线的斜截式方程为 $y=kx+b$，其中，k 为直线的斜率，b 为直线 l 的纵截距.

运用举例

例 1 已知直线的斜率是 2，在 y 轴上的纵截距是 -1，求直线的方程.

分析 已知斜率 k 和 y 轴上的纵截距，因此选用斜截式方程.

解 直线的方程为 $y=2x-1$.

例 2 设直线 l 的倾斜角为 120°，并且经过点 $P(2,3)$，求该直线在 y 轴上的纵截距，以及在 x 轴上的横截距.

解 由于 $\alpha=120°$，故直线的斜率 $k=\tan 120°=-\sqrt{3}$.

又因为直线经过点 $P(2,3)$，所以，直线的方程为

$y-3=-\sqrt{3}(x-2)$，可化简为 $y=-\sqrt{3}x+2\sqrt{3}+3$.

将 $x=0$ 代入方程中，得 $y=2\sqrt{3}+3$，所以，该直线在 y 轴上的纵截距为 $2\sqrt{3}+3$；

将 $y=0$ 代入方程中，得 $x=\sqrt{3}+2$，所以，该直线在 x 轴上的横截距为 $\sqrt{3}+2$.

同步训练 6.3.2

改错与反思

水平一

1. 已知直线方程为 $y=\sqrt{3}x-5$，则直线的斜率为________，倾斜角为________.

2. 已知直线在 x 轴、y 轴上的截距分别是 3，-5，则直线的斜率为________.

3. 直线 $y=-2x-6$ 在 x 轴上的横截距是________，y 轴上的纵截距为________.

4. 求过点(5，2)，斜率为 3 的直线的点斜式方程和斜截式方程．

5. 求在 y 轴上的纵截距为-2，斜率为 3 的直线的斜截式方程．

6. 求在 x 轴上的截距为 3，斜率为-2 的直线的斜截式方程．

7. 已知直线过点 $A(-2，4)$和点 $B(4，1)$，求直线的斜截式方程．

水平二

1. 求直线 $y=\frac{1}{2}x-4$ 与两坐标轴围成的三角形的面积．

2. 直线的斜截式方程为 $y=kx+b$，一次函数的解析式为 $f(x)=kx+b$，分析两者的关系，并画出一次函数图像的各种情况．

数学窗

直线的点斜式方程与斜截式方程的区别与联系

已知直线过一定点和直线的斜率，可用点斜式方程写出直线的方程；已知直线的斜率和它在 y 轴的纵截距可利用斜截式方程写出直线的方程．其实，斜截式方程和点斜式方程都是直线的方程的特殊形式，当定点为直线与 y 轴的交点$(0，b)$时，点斜式方程很容易转化为斜截式方程．

使用点斜式方程和斜截式方程的前提都是直线的斜率存在．

6.3.3 直线的一般式方程

笔 记

知识要点

直线的一般式方程为 $Ax+By+C=0$(A，B 不同时为 0).

当 $A=0$，$B\neq0$ 时，直线的方程可化为 $y=-\dfrac{C}{B}$，该直线与 x 轴平行或重合；

当 $B=0$，$A\neq0$ 时，直线的方程可化为 $x=-\dfrac{C}{A}$，该直线与 x 轴垂直；

当 $A\cdot B\neq0$ 时，直线的方程可化为 $y=-\dfrac{A}{B}x-\dfrac{C}{B}$，该直线的斜率为 $-\dfrac{A}{B}$，纵截距为 $-\dfrac{C}{B}$.

运用举例

例 1 将直线 l 的方程 $y-9=\dfrac{1}{2}(x+4)$ 化为一般式方程，并分别求出横截距与纵截距．

分析 通过化简、移项的方法得到直线的一般式方程，同时理解横截距与纵截距的定义．令 $y=0$，求出 x，即横截距；令 $x=0$，求出 y，即纵截距．

解 $y-9=\dfrac{1}{2}(x+4)$ 可化为 $2y-18=x+4$，

移项，得到直线的一般式方程为 $x-2y+22=0$.

令 $x=0$，则 $y=11$，所以纵截距为 11；

令 $y=0$，则 $x=-22$，所以横截距为 -22.

例 2 设直线的方程为 $2x-3y-6=0$，求该直线的斜率及在 y 轴上的纵截距．

分析 把直线的一般式方程转化为斜截式方程，即可求出斜率及在 y 轴上的纵截距．

解 由 $2x-3y-6=0$，得 $y=\dfrac{2x-6}{3}=\dfrac{2}{3}x-2$.

所以，该直线的斜率 $k=\dfrac{2}{3}$，在 y 轴上的纵截距为 -2.

改错与反思

同步训练 6.3.3

水平一

1. 设点 $P(a，1)$在直线 $2x+3y-7=0$ 上，则 $a=$(　　).

A. -2　　B. 2　　C. 5　　D. -5

2. 已知直线的方程为 $x-3y+6=0$，则直线的斜率和纵截距分别为(　　).

A. $-\frac{1}{3}$，2　　B. $-\frac{1}{3}$，-2　　C. $\frac{1}{3}$，-2　　D. $\frac{1}{3}$，2

3. 过点$(-3，4)$且平行于 y 轴的直线的一般式方程为(　　).

A. $x=-3$　　B. $y=4$　　C. $x+3=0$　　D. $y-4=0$

4. 已知直线的倾斜角为$\frac{\pi}{3}$，且过点$(0. -7)$，求直线的一般式方程.

5. 求过两点$(2，1)$，$(3，-2)$的直线的一般式方程.

6. 已知直线的横截距为-2，纵截距为 4，求直线的一般式方程.

7. 直线 l_1，l_2 都过点$(4，0)$，且 l_1 的倾斜角为 $45°$，l_2 的倾斜角为 $120°$，求 l_1，l_2 与 y 轴围成的三角形的面积.

水平二

1. 已知$\triangle ABC$的顶点坐标分别为$A(-1，5)$，$B(-2，-1)$，$C(4，3)$，点M是BC边上的中点，求中线AM所在直线的方程．

2. 直线l经过点$P(2，3)$，且在x轴和y轴上的截距相等，求直线l的方程．

3. 求与两坐标轴正向围成面积为2的三角形，并且两截距之差为3的直线l的方程．

笔　记

§6.4　两条相交直线的交点

知识要点

已知两条相交直线 l_1：$A_1x+B_1y+C_1=0$ 和 l_2：$A_2x+B_2y+C_2=0$，若方程组

$$\begin{cases}A_1x+B_1y+C_1=0,\\A_2x+B_2y+C_2=0,\end{cases}$$

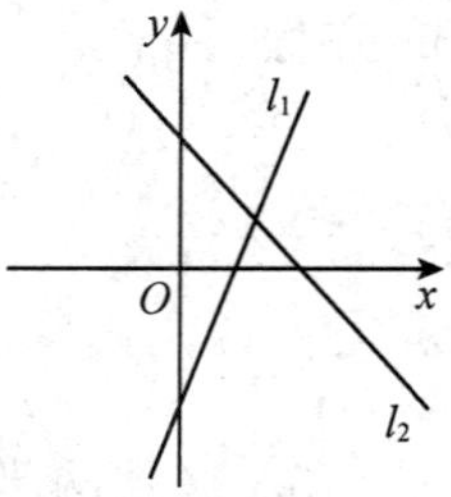

图 6-5

(1)有唯一解，则直线 l_1 与 l_2 相交，交点的坐标就是方程组的解；(图 6-5)

(2)无解，则直线 l_1 与 l_2 无公共点，此时两条直线平行；

(3)有无数解，则直线 l_1 与 l_2 重合．

运用举例

例　求直线 l_1：$3x+2y-12=0$ 与直线 l_1：$x-2y+4=0$ 的交点 P_0 的坐标．

分析　解由两条直线的方程所组成的方程组，就可以得到两条直线的交点的坐标．

解　由 $\begin{cases}3x+2y-12=0,\\x-2y+4=0,\end{cases}$ 解得 $\begin{cases}x=2,\\y=3,\end{cases}$

所以，两条直线的交点的坐标为(2，3).

改错与反思

同步训练 6.4

水平一

1. 已知直线 $2x-By+1=0$ 经过点 $M(4,3)$，则 $B=$________.

2. 已知直线 $y=-2x+b$ 经过点 $P(-1,5)$，则 $b=$________.

3. 直线 $3x+2y-6=0$ 与 x 轴的交点坐标为________，与 y 轴的交点坐标为________.

4. 直线 $x-4=0$ 和直线 $y+3=0$ 的交点坐标为________.

5. 直线 l：$x+y+2=0$ 与直线 l：$3x+4y-2=0$ 的交点坐标为________.

6. 设 $A=\{(x, y) \mid x-3y=2\}$，$B=\{(x, y) \mid x+2y=3\}$，则 $A \cap B=$________.

7. 求经过点 $M(4, 3)$，且经过两条直线 l_1：$3x+2y+1=0$，l_2：$5x-3y-11=0$ 的交点 N 的直线的方程.

水平二

1. 已知直线 l：$3x+my+12=0$ 与两坐标轴所围成的三角形的面积为 6，求 m 的值.

2. 求倾斜角为 $\frac{2\pi}{3}$ 且经过两条直线 $2x-y-3=0$ 和 $x+2y-4=0$ 的交点的直线的方程.

3. 已知生产某产品的总成本 y(元)与该产品的产量 x(件)的关系为 $y=19x+540$，若每件该产品的出厂价为 25 元，试求生产该产品的盈亏转折点.(假设生产的产品均售出)

§6.5　两条直线平行的条件

笔　记

知识要点

1. 当两条直线的斜率都存在时，可以利用两条直线的斜率和纵截距来判断两条直线的位置关系．设直线 l_1 的方程为 $y=k_1x+b_1$，l_2 的方程为 $y=k_2x+b_2$，则 l_1 与 l_2 的位置关系见表 6-1.

表 6-1

两个方程的系数关系	$k_1\neq k_2$	$k_1=k_2$	
		$b_1\neq b_2$	$b_1=b_2$
l_1 与 l_2 的位置关系	相交	平行	重合

2. 当两条直线用一般式方程来表示，且方程中 x，y 的系数均不为 0 时，可以利用两条直线的方程中的系数关系来判断两条直线的位置关系．设直线 l_1 的方程为 $A_1x+B_1y+C_1=0$，l_2 的方程为 $A_2x+B_2y+C_2=0$，则 l_1 与 l_2 的位置关系见表 6-2.

表 6-2

两个方程的系数关系	$\frac{A_1}{A_2}\neq\frac{B_1}{B_2}$	$\frac{A_1}{A_2}=\frac{B_1}{B_2}\neq\frac{C_1}{C_2}$	$\frac{A_1}{A_2}=\frac{B_1}{B_2}=\frac{C_1}{C_2}$
l_1 与 l_2 的位置关系	相交	平行	重合

运用举例

例 1　判断直线 l_1：$y=-x-2$ 与直线 l_2：$2x+2y+4=0$ 的位置关系．

分析　判断两条直线的位置关系，需分别求出两条直线的斜率 k_1，k_2. 若 $k_1\neq k_2$ 则两条直线相交．若 $k_1=k_2$，则两条直线可能平行或重合．此时，再求直线的纵截距，若 $b_1\neq b_2$，则两条直线平行；否则两条直线重合．

解　直线 l_1：$y=-x-2$ 的斜率 $k_1=-1$，$b_1=-2$.

将直线 l_2 的方程 $2x+2y+4=0$ 化为斜截式方程，即 $y=-x-2$，得 $k_2=-1$，$b_2=-2$.

所以 $k_1=k_2=-1$，$b_1=b_2=-2$，从而 l_1 与 l_2 重合．

例 2 已知直线 l 经过点 $P(3, -2)$ 且与直线 l_1：$x+2y-5=0$ 平行，求直线 l 的方程 .

分析 利用平行关系，先求出 l 的斜率，再写出直线的点斜式方程，最后化为一般式方程；此外还可以根据两条平行直线的一般式方程的系数所呈现的关系来求解 .

解 解法一：将 l_1 的方程 $x+2y-5=0$ 转化为斜截式方程

$$y=-\frac{1}{2}x+\frac{5}{2}，即 k_1=-\frac{1}{2}.$$

因为 $l /\!/ l_1$，所以直线 l 的斜率 $k_2=-\frac{1}{2}$.

因为直线 l 经过点 $P(3, -2)$，由点斜式方程得 $y-(-2)=-\frac{1}{2}(x-3)$.
整理得 $x+2y+1=0$.
即所求直线的方程为 $x+2y+1=0$.

解法二：因为所求直线 l 与直线 l_1：$x+2y-5=0$ 平行，故可设直线 l 的方程为 $x+2y+C=0$，将点 $P(3, -2)$ 代入方程中，可得

$$3+2\times(-2)+C=0，C=1.$$

故所求直线的方程为 $x+2y+1=0$.

例 3 已知直线 l_1：$x+m^2y+6=0$ 与直线 l_2：$(m-2)x+3my+2m=0$ 平行，求实数 m 的值 .

分析 利用直线平行时一般式方程的系数关系来列式求解 .

解 因为 $l_1 /\!/ l_2$，当 $m\neq 0$ 时，$\frac{1}{m-2}=\frac{m^2}{3m}\neq\frac{6}{2m}$.

化简得 $m^2(m-2)=3m \Rightarrow m^3-2m^2-3m=0 \Rightarrow m(m+1)(m-3)=0$.

解得 $m=-1$ 或 $m=3$.

当 $m=0$ 时，l_1：$x+6=0$，l_2：$x=0$，此时 $l_1 /\!/ l_2$.

当 $m=-1$ 时，l_1：$x+y+6=0$，l_2：$3x+3y+2=0$，此时 $l_1 /\!/ l_2$.

当 $m=3$ 时，l_1：$x+9y+6=0$，l_2：$x+9y+6=0$，此时 l_1 与 l_2 重合，舍去 .

故所求实数 m 的值为 0 或 -1.

改错与反思

同步训练 6.5

水平一

1. 若直线 $ax+6y+2=0$ 与直线 $2x-3y+3=0$ 互相平行，则 a 的值为（　　）.

A. 4　　B. 2　　C. -4　　D. -2

2. 已知过 $P(m, m-2)$ 和 $Q(1, 1)$ 两点的直线与直线 $2x-y-3=0$ 平行，则 m 的值为（　　）.

A. $m=1$　　B. $m=-1$

C. $m=2$　　D. $m\neq -1$

3. 过点 $M(-3, 2)$ 且平行于直线 l：$x=5$ 的直线的方程为__________.

4. 已知直线 l_1 的斜率为 $-\sqrt{3}$，若 $l_1 // l_2$，则直线 l_2 的倾斜角 $\alpha=$______.

5. 已知直线 l_1：$4x-3y+5=0$，直线 l_2：$y=\frac{4}{3}x+5$，判断这两条直线是否平行.

6. 已知直线 l 经过点 $P(0, -1)$，且与直线 $x-2y+1=0$ 平行，求直线 l 的方程.

7. 已知直线 l 的横截距是 -4，且平行于直线 $y=\frac{1}{2}x-9$，求直线 l 的方程.

水平二

1. 已知直线 l_1：$x+my+6=0$ 和 l_2：$(m-2)x+3y+2m=0$ 互相平行，求实数 m 的值．

2. 直线 l 经过点 $P(-1，-1)$，且平行于经过 $M(-2，6)$ 和 $N(2，3)$ 两点的直线，求直线 l 的方程．

数学窗

黄金比例是数学上的一种比例关系．黄金比例具有严格的比例性、艺术性、和谐性，蕴含着丰富的美学价值，应用时一般取 0.618.

这个数字在自然界和人们生活中到处可见：人们的肚脐是人体总长的黄金分割点，人的膝盖是肚脐到脚跟的黄金分割点．用脚底到肚脐的高度除以自己的身高，看是否接近 0.618，如果接近，那么恭喜你，你的身材就是黄金比例，非常完美了．

大多数门窗的宽和长之比也是 0.618，有些植物的茎上，两个相邻叶柄的夹角是 $137°28'$，这恰好是把圆周分成 $1:0.618$ 的两条半径的夹角．据研究发现，这种角度对植物通风和采光效果最佳．

建筑师们对数字 0.618 特别偏爱，无论是古埃及的金字塔，还是巴黎的圣母院，或者是近代的法国埃菲尔铁塔，都有与 0.618 有关的数据．人们还发现，一些名画、雕塑、摄影作品的主题，大多在画面的 0.618 处．音乐家们认为弦乐器的琴码放在琴弦的 0.618 处，能使琴声更加柔和甜美．你还发现生活中哪些地方也有 0.618 呢？

——部分内容摘自《神奇的人体修复材料》，作者为莫尊理、孟淑娟、孙万虹，甘肃科学技术出版社 2012 年出版．

§6.6　两条直线垂直的条件

笔　记

知识要点

当直线 l_1 与 l_2 垂直且斜率都存在时，它们的斜率有这样的关系：$k_1 \cdot k_2=-1$. 反之如果 $k_1 \cdot k_2=-1$，那么直线 l_1 与 l_2 垂直，即

$$l_1 \perp l_2 \Leftrightarrow k_1 \cdot k_2=-1.$$

当 k_1，k_2 中有一个不存在时，不妨设 k_1 不存在，则 l_1 垂直于 x 轴，l_2 与 l_1 垂直，则 l_2 平行于 x 轴，从而 $k_2=0$.

运用举例

例 1　判断直线 $y=-\dfrac{2}{3}x$ 与直线 $6x-4y+1=0$ 是否垂直.

分析　先求出两条直线的斜率，再根据斜率相乘是否等于 -1 来判断两条直线是否垂直.

解　设直线 $y=-\dfrac{2}{3}x$ 的斜率为 k_1，则 $k_1=-\dfrac{2}{3}$.

设直线 $6x-4y+1=0$ 的斜率为 k_2，由于直线的方程 $6x-4y+1=0$ 可化为 $y=\dfrac{3}{2}x+\dfrac{1}{4}$.

故 $k_2=\dfrac{3}{2}$.

由于 $k_1 \cdot k_2=-1$，所以，两条直线垂直.

例 2　判断直线 $y-1=0$ 与直线 $x=2$ 是否垂直.

分析　将 $y-1=0$ 化为斜截式方程，即 $y=1$，斜率为 0，而直线 $x=2$ 的斜率是不存在的.

答案　垂直.

例 3　已知直线 l 经过点 $M(-1,2)$，且垂直于直线 $12x+4y-9=0$，求直线 l 的方程.

分析　可应用两条直线垂直时斜率的关系求解.

解　设直线 $12x+4y-9=0$ 的斜率为 k_1，则 $k_1=-3$，设直线 l 的斜率为 k.

因直线 l 与直线 $12x+4y-9=0$ 垂直，故 $k_1 \cdot k=-1$，即所求直线的

斜率 $k=\frac{1}{3}$.

又因直线 l 经过点 $M(-1,\ 2)$，由点斜式方程得 $y-2=\frac{1}{3}(x+1)$，化为一般方程，得 $x-3y+7=0$.

同步训练 6.6

改错与反思

水平一

1. 已知直线 l_1：$y=kx$，l_2：$y=2x+3$，若 $l_1\perp l_2$，则 $k=$________；若 $l_1/\!/l_2$，则 $k=$________.

2. 若直线 l_1：$x+ay+2=0$ 和 l_2：$2x+3y+1=0$ 互相垂直，则 $a=$________.

3. 判断下列各组直线的位置关系.

(1)l_1：$x+y+2=0$，l_2：$2x+2y+4=0$；

(2)l_1：$x+3y-2=0$，l_2：$y=-\frac{1}{3}x+1$；

(3)l_1：$x-2=0$，l_2：$y=-7$.

4. 已知直线 l 经过点 $M(-2,\ -2)$，且垂直于直线 $x-y-2=0$，求直线 l 的方程.

5. 直线 l 经过点 $P(1,\ 2)$，且垂直于经过点 $M(-1,\ 4)$ 和点 $N(2,\ 3)$ 的直线，求直线 l 的方程.

6. 直线 l 经过点 $P(0,\ 5)$，且垂直于直线 $y=\frac{1}{3}x$，求直线 l 的方程.

7. 直线 l 经过点 $P(-3,-1)$，且垂直于倾斜角为 $30°$ 的直线，求直线 l 的方程.

水平二

1. 已知点 $A(1,2)$，$B(3,1)$，求线段 AB 的垂直平分线的方程.

2. 已知两条直线 l_1：$ax-by+4=0$，l_2：$(a-1)x+y+b=0$，直线 l_1 过点$(-3,-1)$，并且直线 l_1 与直线 l_2 垂直，求 a，b 的值.

3. 已知 $A(1,-1)$，$B(2,2)$，$C(3,0)$三点，求点 D 的坐标，使直线 $CD\perp AB$，且 $CB/\!/AD$.

§6.7 点到直线的距离公式

笔 记

知识要点

如图 6-6 所示，在平面直角坐标系中，已知点 $P(x_0, y_0)$ 和直线 l：$Ax+By-C=0$，则点 P 到直线 l 的距离

$$d=\frac{|Ax_0+By_0+C|}{\sqrt{A^2+B^2}}.$$

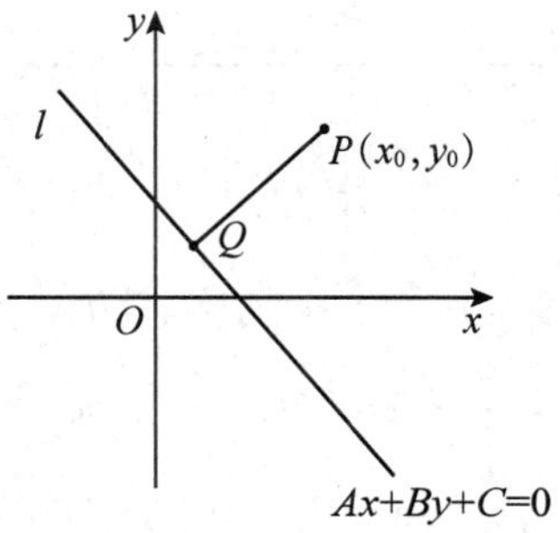

图 6-6

运用举例

例 1 求点 $P(-2, 3)$ 到直线 $y=-2x+9$ 的距离．

分析 用点到直线的距离公式求解．注意：用点到直线的距离公式时必须要先把直线的方程化为一般式方程．

解 将直线的方程 $y=-2x+9$ 化为一般式方程，得

$$2x+y-9=0.$$

由点到直线的距离公式得

$$d=\frac{|2\times(-2)+3\times1+(-9)|}{\sqrt{2^2+1^2}}=2\sqrt{5}.$$

例 2 已知点 $P(m, -2)$ 到直线 $x+3y-5=0$ 的距离等于 $\sqrt{10}$，求 m 的值．

解 根据点到直线的距离公式

$$d=\frac{|m+3\times(-2)-5|}{\sqrt{1^2+3^2}}=\sqrt{10},$$

化简得 $|m-11|=10$，

所以 $m-11=10$ 或 $m-11=-10$，即 $m=21$ 或 $m=1$.

例 3　已知平行直线 l_1：$x-2y-3=0$，l_2：$x-2y+c=0$ 之间的距离为$\sqrt{5}$，求 c 的值．

解　两条平行直线间的距离与一条直线上任意一点到另一条直线的距离相等．因此在 l_1 上取一点 $P(3, 0)$，则两条平行直线 l_1 与 l_2 间的距离等于点 P 到直线 l_2 的距离，$d=\dfrac{|3-2\times 0+c|}{\sqrt{1^2+2^2}}=\sqrt{5}$.

化简得 $|3+c|=5$，

所以 $3+c=5$ 或 $3+c=-5$，

$c=2$ 或 $c=-8$.

改错与反思

同步训练 6.7

水平一

1. 点 $P(-3, 4)$到直线 $y+2=0$ 的距离为________.

2. 点 $P(1, -2)$到直线 $x-5=0$ 的距离为________.

3. 点 $P(2, 3)$到直线 $3x+4y+2=0$ 的距离为________.

4. 点 $P(0, 5)$到直线 $y=2x$ 的距离为(　　).

A. $\dfrac{5}{2}$　　B. $\sqrt{5}$　　C. $\dfrac{3}{2}$　　D. $\dfrac{\sqrt{5}}{2}$

5. 点 P 在直线 $3x+y-5=0$ 上，且 P 到直线 $x-y-1=0$ 的距离等于$\sqrt{2}$，则点 P 坐标为(　　).

A. $(1, 2)$　　B. $(1, 2)$或$(2, -1)$

C. $(2, 1)$　　D. $(2, 1)$或$(-1, 2)$

6. 两平行直线 $3x+4y-2=0$ 与 $6x+8y-5=0$ 间的距离为(　　).

A. 3　　B. 7　　C. $\dfrac{1}{10}$　　D. $\dfrac{1}{2}$

7. 已知点 $M(a, 2)(a>0)$到直线 l：$x-y+3=0$ 的距离为 1，求 a 的值．

水平二

1. 过点 $P(1, 2)$引直线 l，使 $A(2, 3)$，$B(4, -5)$两点与它的距离相等，则直线 l 的方程为(　　).

A. $4x+y-6=0$

B. $x+4y-6=0$

C. $2x+3y-7=0$ 或 $x+4y-6=0$

D. $3x+2y-7=0$ 或 $4x+y-6=0$

2. 求过点 $A(-1, 0)$，且与原点的距离等于$\frac{\sqrt{2}}{2}$的直线的方程.

3. 已知直线 l 与两条直线 l_1：$2x-y+3=0$ 和 l_2：$2x-y-1=0$ 平行，且 l 和 l_1 的距离与 l 和 l_2 的距离相等，求直线 l 的方程.

§6.8　圆的方程

6.8.1　圆的标准方程

笔　记

知识要点

圆心坐标为$C(a, b)$，半径为r的圆的标准方程为$(x-a)^2+(y-b)^2=r^2$.(图6-7)

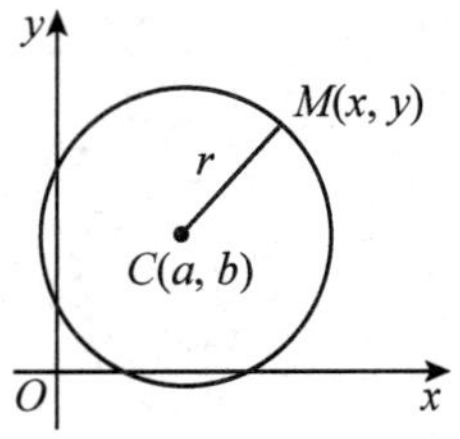

图 6-7

运用举例

例1　求下列各圆的圆心坐标与半径.

(1)$(x-1)^2+(y-6)^2=5$；　(2)$x^2+(y+8)^2=1$.

解　(1)圆心坐标为(1，6)，半径$r=\sqrt{5}$.

(2)圆心坐标为(0，−8)，半径$r=1$.

例2　根据下列条件，求圆的方程.

(1)圆心坐标为(4，0)，半径$r=3$；

(2)圆心坐标为$C(-2, 4)$，且经过点$A(1, -2)$.

分析　根据已知条件求出圆心坐标和半径，从而确定a，b，r的值，得到圆的标准方程，这是求圆的方程的常用方法.

解　(1)将$a=4$，$b=0$，$r=3$代入圆的标准方程中并整理，

得所求圆的标准方程为$(x-4)^2+y^2=9$.

(2)点A与点C间的距离就是半径，因此

$$r=AC=\sqrt{(1+2)^2+(-2-4)^2}=3\sqrt{5}.$$

故所求圆的方程为$(x+2)^2+(y-4)^2=45$.

例 3　已知点 $P(1, -2)$ 和圆 C：$(x-2)^2+(y+4)^2=4$，判断点 P 是在圆 C 内、在圆 C 上还是在圆 C 外．

分析　一个点与圆的位置关系，取决于该点到圆心的距离 d 与圆的半径 r 之间的关系．点在圆外 $\Leftrightarrow d>r$；点在圆上 $\Leftrightarrow d=r$；点在圆内 $\Leftrightarrow d<r$．

解　依题意得圆心坐标为 $C(2, -4)$，$r=2$，

由于 $d=PC=\sqrt{(2-1)^2+(-4+2)^2}=\sqrt{5}>2$，即 $d>r$，

因此点 P 是在圆 C 外．

同步训练 6.8.1

改错与反思

水平一

1. 已知圆的标准方程为 $x^2+y^2=4$，则其圆心坐标和半径分别为(　　)．

A. $(1, 1)$，$r=2$　　B. $(0, 0)$，$r=2$

C. $(1, 1)$，$r=4$　　D. $(0, 0)$，$r=4$

2. 圆 $(x+5)^2+(y-3)^2=a^2$，若点 $(2, 3)$ 在该圆上，则 a 的值为(　　)．

A. ± 7　　B. 7　　C. ± 49　　D. 49

3. 已知圆 $(x-1)^2+(y-3)^2=25$，则在该圆内的点应是(　　)．

A. $(5, 0)$　　B. $(1, -2)$　　C. $(-3, -1)$　　D. $(5, 1)$

4. 平面上动点 P 到定点 $C(-3, 3)$ 的距离均为 2，则动点 P 的轨迹方程为________．

5. 若圆 C 与圆 $(x-6)^2+(y+3)^2=7$ 关于原点对称，则圆 C 的标准方程为________．

6. 根据以下已知条件，求圆的标准方程．

(1)圆心坐标为 $C(1, -2)$，且半径为 $\sqrt{3}$．

(2)圆心坐标为 $C(3, 2)$，且经过点 $A(2, -3)$．

7. 已知直线 l_1：$x-2y=3$ 与 l_2：$x+y=0$ 的交点为 A，求以点 A 为圆心，且半径为 6 的圆的标准方程．

水平二

1. 若点$(a, a-1)$在圆 $x^2+(y+1)^2=2$ 的内部，则 a 的取值范围为________．

2. 求经过直线 l_1：$x+2y-1=0$ 与直线 l_2：$x-y-4=0$ 的交点 M，且与圆$(x-1)^2+(y-4)^2=25$ 同心的圆的标准方程．

3. 求圆心既在直线 $2x+3y-23=0$ 上，又在直线 $5x-y+2=0$ 上，且经过原点的圆的标准方程，并求该圆的周长和面积．

数学窗

“元”的来源

宋元时期，中国数学家创立了“天元术”，用“天元”表示未知数进而建立方程．这种方法的代表作是数学家李冶写的《测圆海镜》，书中所说的“立天元一”相当于现在的“设未知数 x”．所以现在在简称方程时，将未知数称为“元”，如有一个未知数的方程叫“一元方程”．

——部分内容摘自《数学符号一本通》，作者为周阳，现代出版社 2012 年出版．

6.8.2　圆的一般方程

笔　记

知识要点

当 $D^2+E^2-4F>0$ 时，我们把方程 $x^2+y^2+Dx+Ey+F=0$ 称为圆的一般方程，圆心坐标为 $\left(-\frac{D}{2}，-\frac{E}{2}\right)$，半径 $r=\frac{\sqrt{D^2+E^2-4F}}{2}$.

运用举例

例 1　求下列各圆的圆心坐标与半径 .

(1) $x^2+y^2-4x+6y-12=0$；(2) $x^2+y^2-2x=0$.

解　(1)解法一：根据圆的一般方程可知，$D=-4$，$E=6$，$F=-12$.

$-\frac{D}{2}=-\frac{-4}{2}=2$，$-\frac{E}{2}=-\frac{6}{2}=-3$，

$r=\frac{\sqrt{D^2+E^2-4F}}{2}=\frac{\sqrt{16+36-4\times(-12)}}{2}=5$.

因此，圆心坐标为(2，－3)，半径 $r=5$.

解法二：将圆的一般方程化成标准方程为

$$(x-2)^2+(y+3)^2=25.$$

因此，圆心坐标为(2，－3)，半径 $r=5$.

(2)解法一：根据圆的一般方程可知，$D=-2$，$E=0$，$F=0$，

$-\frac{D}{2}=-\frac{-2}{2}=1$，$-\frac{E}{2}=-\frac{0}{2}=0$，$r=\frac{\sqrt{D^2+E^2-4F}}{2}=\frac{\sqrt{4+0-0}}{2}=1$，

因此，圆心坐标为(1，0)，半径 $r=1$.

解法二：将圆的一般方程化成标准方程为

$$(x-1)^2+y^2=1.$$

因此，圆心坐标为(1，0)，半径 $r=1$.

例 2　若方程 $x^2+y^2+ax+4=0$ 表示圆，求 a 的取值范围 .

分析　当 $D^2+E^2-4F>0$ 时，方程 $x^2+y^2+Dx+Ey+F=0$ 表示圆 .

解　依题意得 $D^2+E^2-4F=a^2-4\times4>0$，即 $a^2-16>0$，解得 $a>4$ 或 $a<-4$.

因此，当 $a\in(-\infty，-4)\cup(4，+\infty)$时，方程 $x^2+y^2+ax+4=0$ 表示圆 .

例 3　求与圆 C：$x^2+y^2+6x+4y-3=0$ 同心，且半径是圆 C 的半径的一半的圆的方程.

分析　关键在于确定所求圆的圆心和半径.

解　将 $x^2+y^2+6x+4y-3=0$ 配方，可得 $(x+3)^2+(y+2)^2=16$，

已知圆圆心为 C，设半径为 r_1，则 $C(-3,\ -2)$，$r_1=4$.

所求圆的圆心与已知圆相同，即圆心为 $(-3,\ -2)$，

设所求圆的半径为 r，则 $r=\frac{1}{2}r_1=2$，

故所求圆的方程为 $(x+3)^2+(y+2)^2=4$.

改错与反思

同步训练 6.8.2

水平一

1. 已知圆的一般方程为 $x^2+y^2-4x=0$，则其圆心坐标和半径分别为（　　）.

A. $(2,\ 0)$，$r=2$　　B. $(-2,\ 0)$，$r=2$

C. $(2,\ 0)$，$r=4$　　D. $(-2,\ 0)$，$r=4$

2. 若直线 $3x+4y+m=0$（m 为常数），经过圆 $x^2+y^2-8x+2y-5=0$ 的圆心，则 m 的值是（　　）.

A. -8　　B. 8　　C. -16　　D. 16

3. 将圆 $x^2+y^2+4x-2y=0$ 化成标准方程为（　　）.

A. $(x+4)^2+(y-2)^2=5$

B. $(x+2)^2+(y-1)^2=5$

C. $(x+2)^2+(y-1)^2=\sqrt{5}$

D. $(x+4)^2+(y-2)^2=25$

4. 若方程 $x^2+y^2+x+2y-m=0$ 表示圆，m 的取值范围为________.

5. 圆 $x^2+y^2-8x+4y-20=0$ 的周长为________，面积为________.

6. 求过圆 $x^2+y^2-2x-4=0$ 的圆心，且与直线 l_1：$2x-y-9=0$ 垂直的直线 l 的方程.

7. 直线 $2x+y-5=0$ 与 y 轴的交点为 B，求以 B 为圆心，且半径为圆 $x^2+y^2+2x-2y+1=0$ 的半径的 5 倍的圆的方程.

水平二

1. 圆 $x^2+y^2=1$ 与圆 $x^2+y^2-2x+8y=8$ 的位置关系为（　　）.

A. 内切　　B. 外切　　C. 相交　　D. 相离

2. 设圆 $x^2+y^2-ax-2=0$ 的半径为 $\sqrt{3}$，则该圆的圆心坐标为________.

3. 若圆 $x^2+y^2-4x+2y-5=0$ 的圆心到直线 $x-y+a=0$ 的距离为 $\sqrt{2}$，求 a 的值.

数学窗

伟大的数学家——华罗庚

华罗庚，中国现代数学家．1910 年 11 月 12 日生于江苏省金坛县．1985 年 6 月 12 日在日本东京逝世．1925 年初中毕业之后，华罗庚在上海中华职业学校学习不到一年，因家贫辍学，他刻苦自修数学，1930 年在上海《科学》杂志上发表了关于代数方程式解法的文章，受到专家重视，被邀到清华大学工作，开始了对数论的研究．1936 年被派往英国剑桥大学留学．1938 年回国，受聘为西南联合大学教授．1946 年先在普林斯顿高等研究所担任访问教授，后又被伊利诺伊大学聘为终身教授．

1950 年回国，先后任清华大学数学系主任、数学所所长，中国科技大学副校长兼应用数学系主任，中国科学院副院长等．

华罗庚是国际上享有盛誉的数学家，他在数论、矩阵几何学、典型群、自守函数论、多个复变函数论、偏微分方程等很多领域都做出了卓越的贡献．现在这些领域里都有以他的名字命名的定理与方法．

——部分内容摘自《中国人物年鉴 2011》，作者为《中国人物年鉴》编委会、李维民，中国人物年鉴社 2012 年出版．

6.8.3　圆的方程的确定

笔　记

知识要点

求解圆的方程时，通常采用待定系数法.

(1)圆的标准方程$(x-a)^2+(y-b)^2=r^2$由三个系数a，b，r确定；

(2)圆的一般方程$x^2+y^2+Dx+Ey+F=0$由三个系数D，E，F确定.

可根据所提供的条件灵活地进行选择.

运用举例

例　根据下列条件，求圆的方程.

(1)已知$A(7,3)$，$B(3,1)$，求以线段AB为直径的圆的方程；

(2)求圆心在x轴上，且过点$P(1,3)$，$Q(0,-2)$的圆的方程；

(3)求经过$A(0,-1)$，$B(2,5)$，$C(-2,3)$三点的圆的方程.

分析　(1)(2)根据已知条件求出圆心坐标和半径，从而确定字母系数a，b，r，得到圆的标准方程，这是求圆的方程的常用方法.(3)已知圆上三点，通常用待定系数法，设所求圆方程为$x^2+y^2+Dx+Ey+F=0$，列出方程组，求出未知数D，E，F.

解　(1)设所求圆的圆心为C，则C为线段AB的中点，则$C\left(\frac{7+3}{2},\frac{3+1}{2}\right)$，即$C(5,2)$.

半径为线段AB的长的一半，即$r=\frac{\sqrt{(3-7)^2+(1-3)^2}}{2}=\frac{2\sqrt{5}}{2}=\sqrt{5}$.

故所求圆的方程为$(x-5)^2+(y-2)^2=5$.

(2)设圆心为$C(a,0)$，则

$PC=QC=r$，即$\sqrt{(a-1)^2+(0-3)^2}=\sqrt{(a-0)^2+(0+2)^2}$，

解得$a=3$，即圆心$C(3,0)$，

$r=PC=\sqrt{(3-1)^2+(0-3)^2}=\sqrt{13}$.

故所求圆为$(x-3)^2+y^2=13$.

(3)设所求圆的方程为$x^2+y^2+Dx+Ey+F=0$，依题意$A(0,-1)$，$B(2,5)$，$C(-2,3)$三点在圆上，故

$\begin{cases}0^2+(-1)^2-E+F=0,\\2^2+5^2+2D+5E+F=0,\\(-2)^2+3^2-2D+3E+F=0,\end{cases}$ 整理得 $\begin{cases}-E+F=-1,\\2D+5E+F=-29,\\-2D+3E+F=-13,\end{cases}$

解得 $\begin{cases}D=-2,\\E=-4,\\F=-5.\end{cases}$

故所求圆的方程为 $x^2+y^2-2x-4y-5=0$.

同步训练 6.8.3

改错与反思

水平一

1. 圆心坐标为(1，7)，半径为$\sqrt{17}$的圆的方程为(　　).

A. $(x+1)^2+(y+7)^2=\sqrt{17}$　　B. $(x+1)^2+(y+7)^2=17$

C. $(x-1)^2+(y-7)^2=\sqrt{17}$　　D. $(x-1)^2+(y-7)^2=17$

2. 圆心坐标为(−3，4)，且过 $M(5,1)$的圆的标准方程为(　　).

A. $(x+3)^2+(y-4)^2=29$　　B. $(x+3)^2+(y-4)^2=73$

C. $(x-3)^2+(y+4)^2=29$　　D. $(x-3)^2+(y+4)^2=73$

3. 经过原点，圆心在 y 轴的正半轴上，且 $r=2$ 的圆的方程为(　　).

A. $x^2+(y-2)^2=4$　　B. $x^2+(y+2)^2=4$

C. $x^2+(y-2)^2=2$　　D. $x^2+(y+2)^2=2$

4. 已知 $A(2,-2)$，$B(6,0)$，则 $AB=$________；AB 的中点坐标为________；以线段 AB 为直径的圆的方程为________________.

5. 已知圆 C：$x^2+y^2-3=0$，则圆心 C 的坐标为________，直线 l_1：$x+y=-1$，l_2：$x=3$ 相交于点 M，则点 M 的坐标为________，与圆 C 同心，且过点 M 的圆的方程为________.

6. 已知圆过点 $O(0,0)$，$P(1,1)$，$Q(-1,-3)$，求该圆的一般方程，并求出圆心坐标和半径.

7. 设求过点 $A(2,4)$，$B(-3,3)$且圆心在 y 轴上的圆的方程．

水平二

1. 直线 l：$2x+y-8=0$ 与两坐标轴的交点分别为点 A，B，求以 AB 为直径的圆的方程，并求该圆的周长和面积．

2. 求过点 $A(4,1)$，$B(0,-1)$，且圆心在直线 $y=x+1$ 上的圆的方程．

3. 求圆 $x^2+y^2+4x-2y-1=0$ 关于直线 l：$2x-y-5=0$ 的对称圆的方程．

§6.9 直线与圆的位置关系

6.9.1 判断直线与圆的位置关系(一)

知识要点

笔 记

设直线的方程为 $Ax+By+C=0$，圆的方程为 $x^2+y^2+Dx+Ey+F=0$.

对于方程组 $\begin{cases}Ax+By+C=0,\\x^2+y^2+Dx+Ey+F=0,\end{cases}$ 有以下结论：

(1)方程组有两组解⇔直线与圆相交 

(2)方程组只有一组解⇔直线与圆相切 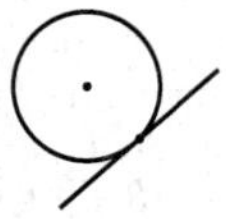

(3)方程组没有解⇔直线与圆相离 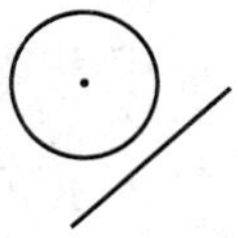

运用举例

例 1 判断下列各直线与圆的位置关系.

(1)直线 $3x-4y+10=0$，圆 $(x-1)^2+(y-2)^2=1$；

(2)直线 $y=x$，圆 $x^2+y^2-2x+2y-10=0$.

分析 方程组有两组解⇔直线与圆相交；方程组只有一组解⇔直线与圆相切；方程组没有解⇔直线与圆相离.

解 (1)解方程组 $\begin{cases}3x-4y+10=0, & ①\\(x-1)^2+(y-2)^2=1, & ②\end{cases}$

将①式代入②式中，整理得 $25x^2-20x+4=0$，

$\Delta=(-20)^2-4\times25\times4=0$，方程组只有一组实数根，因此直线与圆相切.

(2)解方程组 $\begin{cases}y=x, & ①\\x^2+y^2-2x+2y-10=0, & ②\end{cases}$

将①式代入②式中，整理得 $x^2-5=0$，

$\Delta=0^2-4\times1\times(-5)=20>0$，方程组有两组实数根，因此直线与圆相交.

例 2　已知圆$(x-1)^2+(y-1)^2=9$与直线$x-y+3=0$相交于A，B两点，求交点坐标及线段AB的中点M的坐标.

解　解方程组$\begin{cases}(x-1)^2+(y-1)^2=9,\\x-y+3=0,\end{cases}$

可得$\begin{cases}x=-2,\\y=1,\end{cases}$或$\begin{cases}x=1,\\y=4,\end{cases}$

即交点坐标为$(-2,1)$，$(1,4)$，

所以$M\left(\frac{-2+1}{2},\frac{1+4}{2}\right)$，即$M\left(-\frac{1}{2},\frac{5}{2}\right)$.

例 3　已知圆$(x-1)^2+y^2=2$，直线$y=x+a$，当a在什么范围内取值时，圆与直线相交、相切、相离？

解　解方程组$\begin{cases}(x-1)^2+y^2=2,①\\y=x+a,②\end{cases}$

将②式代入①式中，整理得$2x^2+(2a-2)x+a^2-1=0$，

$\Delta=(2a-2)^2-8(a^2-1)=-4a^2-8a+12$，

当$\Delta>0$，即$-3<a<1$时，方程组有两组不相等的实数解，直线与圆有两个公共点，因此直线与圆相交；

当$\Delta=0$，即$a=-3$或$a=1$时，方程组只有一组实数解，直线与圆只有一个公共点，因此直线与圆相切；

当$\Delta<0$，即$a<-3$或$a>1$时，方程组没有实数解，直线与圆没有公共点，因此直线与圆相离.

例 4　求圆C：$(x-1)^2+(y-3)^2=9$被直线l：$2x-y+6=0$所截得的弦AB的长.

分析　求出交点，利用两点间的距离公式求出弦长.

解　解方程组$\begin{cases}(x-1)^2+(y-3)^2=9,\\2x-y+6=0,\end{cases}$

可得$\begin{cases}x=\dfrac{-5+2\sqrt{5}}{5},\\y=\dfrac{20+4\sqrt{5}}{5},\end{cases}$或$\begin{cases}x=\dfrac{-5-2\sqrt{5}}{5},\\y=\dfrac{20-4\sqrt{5}}{5},\end{cases}$

即交点坐标为$\left(\frac{-5+2\sqrt{5}}{5}, \frac{20+4\sqrt{5}}{5}\right)$和$\left(\frac{-5-2\sqrt{5}}{5}, \frac{20-4\sqrt{5}}{5}\right)$.

弦 AB 的长即两交点的距离，

$$AB=\sqrt{\left(\frac{-5-2\sqrt{5}}{5}-\frac{-5+2\sqrt{5}}{5}\right)^2+\left(\frac{20-4\sqrt{5}}{5}-\frac{20+4\sqrt{5}}{5}\right)^2}=4.$$

同步训练 6.9.1

改错与反思

水平一

1. 直线 $x+y-7=0$ 与圆$(x-1)^2+(y+1)^2=1$ 的位置关系为(　　).

A. 相离　　B. 相切　　C. 相交　　D. 无法判断

2. 直线 $2x-3y=0$ 与圆 $x^2+y^2=13$ 的交点有(　　).

A. 一个　　B. 两个　　C. 四个　　D. 零个

3. 过坐标原点作圆$(x-2)^2+y^2=3$ 的切线，则原点到切点的距离为(　　).

A. 3　　B. $\sqrt{3}$　　C. 1　　D. 2

4. 圆$(x-3)^2+(y-1)^2=11$ 与直线 $y=3$ 的位置关系为________.

5. 当 $m=$________时，直线 $y=-2x+1$ 与圆 $x^2+y^2=m$ 相切.

6. 求圆 C：$x^2+y^2=5$ 与直线 l：$2x-y=0$ 的交点坐标.

7. 已知圆 $x^2+y^2-2x+m=0$，直线 $y=x+3$，当 m 在什么范围内取值时，圆与直线相交、相切、相离？

水平二

1. 若直线 $2x-y+a=0$ 与圆 $x^2+y^2=5$ 有公共点，求 a 的取值范围.

2. 已知圆$(x-1)^2+(y-2)^2=1$与直线 $y=x$ 的相交于A，B 两点，求线段 AB 的中点M 的坐标.

3. 求圆 C：$(x-1)^2+y^2=20$ 被直线 l：$x-y-3=0$ 所截得的弦 AB 的长.

6.9.2 判断直线与圆的位置关系(二)

笔 记

知识要点

设圆的方程为$(x-a)^2+(y-b)^2=r^2$，直线的方程为$Ax+By+C=0$.

圆心到直线的距离为d，则$d=\dfrac{|Aa+Bb+C|}{\sqrt{A^2+B^2}}$.

$d<r\Leftrightarrow$直线与圆相交

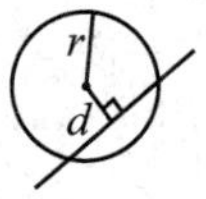

$d=r\Leftrightarrow$直线与圆相切

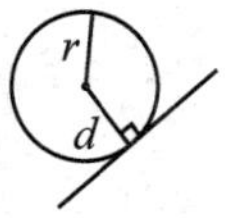

$d>r\Leftrightarrow$直线与圆相离

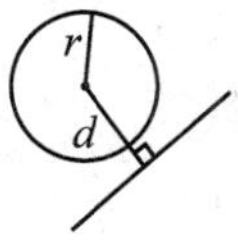

注：(1)特别地，当$d=0$时，直线与圆相交且直线过圆心.

(2)比较d和r的大小，可以判断直线与圆的位置关系，但在应用公式时，直线的方程应是一般式方程.

运用举例

例1 判断下列各直线与圆的位置关系.

(1)直线$3x-4y+10=0$，圆$(x-1)^2+(y-2)^2=1$；

(2)直线$y=x$，圆$x^2+y^2-2x+2y-10=0$.

分析 比较圆心到直线的距离d和半径r的大小，可以判断直线与圆的位置关系：$d<r\Leftrightarrow$直线与圆相交；$d=r\Leftrightarrow$直线与圆相切；$d>r\Leftrightarrow$直线与圆相离.

解 (1)圆心坐标为(1，2)，半径$r=1$.

圆心到直线的距离

$$d=\frac{|Aa+Bb+C|}{\sqrt{A^2+B^2}}=\frac{|3\times1-4\times2+10|}{\sqrt{3^2+(-4)^2}}=\frac{5}{5}=1.$$

因为$d=r$，所以直线与圆相切.

(2)将圆的方程$x^2+y^2-2x+2y-10=0$化为标准方程，即

$$(x-1)^2+(y+1)^2=12,$$

故圆心坐标为(1，−1)，半径$r=2\sqrt{3}$.

将直线的方程$y=x$化为一般式方程，即$x-y=0$，

圆心到直线的距离 $d=\frac{|Aa+Bb+C|}{\sqrt{A^2+B^2}}=\frac{|1-(-1)|}{\sqrt{1^2+1^2}}=\frac{2}{\sqrt{2}}=\sqrt{2}$，

因为 $d<r$，所以直线与圆相交(且不过圆心).

例 2　求圆心为点 $C(1,4)$ 且与直线 l：$5x-2y+7=0$ 相切的圆的方程．

分析　求圆的方程，已知圆心，关键是求出圆的半径 r，可以利用直线 l 与圆相切$\Leftrightarrow d=r$ 来确定 r.

解　因为 l 与圆相切

所以 $r=d=\frac{|5\times1-2\times4+7|}{\sqrt{5^2+(-2)^2}}=\frac{4}{\sqrt{29}}=\frac{4\sqrt{29}}{29}$，

因此，所求圆的方程为 $(x-1)^2+(y-4)^2=\frac{16}{29}$.

例 3　已知圆 $(x-1)^2+y^2=2$，直线 $y=x+a$，当 a 在什么范围内取值时，圆与直线相交、相切、相离？

分析　根据直线与圆的位置关系，可判断 d 和 r 的大小关系：直线与圆相交$\Leftrightarrow d<r$；直线与圆相切$\Leftrightarrow d=r$；直线与圆相离$\Leftrightarrow d>r$.

解　由已知可推出圆心坐标为(1，0)，$r=\sqrt{2}$，直线的一般式方程为 $x-y+a=0$.

因此圆心到直线的距离 $d=\frac{|1-0+a|}{\sqrt{1^2+(-1)^2}}=\frac{|1+a|}{\sqrt{2}}$.

当 $d<r$，$\frac{|1+a|}{\sqrt{2}}<\sqrt{2}$，即 $-3<a<1$ 时，直线与圆相交；

当 $d=r$，$\frac{|1+a|}{\sqrt{2}}=\sqrt{2}$，即 $a=-3$ 或 $a=1$ 时，直线与圆相切；

当 $d>r$，$\frac{|1+a|}{\sqrt{2}}>\sqrt{2}$，即 $a<-3$ 或 $a>1$ 时，直线与圆相离．

例 4　求过圆 C：$x^2+(y-5)^2=13$ 上一点 $P(2,2)$ 且与圆相切的直线的方程．

分析　求过圆上一点的圆的切线的方程，关键是求出切线的斜率 k，可以利用切线垂直于 CP 来确定 k.

解　设所求直线为 l，其斜率为 k，由已知得圆心坐标为 $C(0,5)$，所以

$$k_{CP}=\frac{y_P-y_C}{x_P-x_C}=\frac{2-5}{2-0}=-\frac{3}{2},$$

因为 l 与圆 C 相切，所以 $l\perp CP$，所以 $k=-\frac{1}{k_{CP}}=\frac{2}{3}$.

代入点斜式方程中，得所求直线的方程为 $y-2=\frac{2}{3}(x-2)$，

即 $2x-3y+2=0$.

例 5 求圆 C：$(x-1)^2+(y-3)^2=9$ 被直线 l：$2x-y+6=0$ 所截得的弦 AB 的长.

分析 可以数形结合，利用垂径定理，求得弦长.

依题意可知圆心坐标为 $C(1,3)$，$r=3$.

如图 6-8 所示，设 AB 的中点为 M，则 $CM\perp AB$.

在 Rt△ACM 中，

$$CM=d=\frac{|2\times1-3+6|}{\sqrt{2^2+(-1)^2}}=\sqrt{5},$$

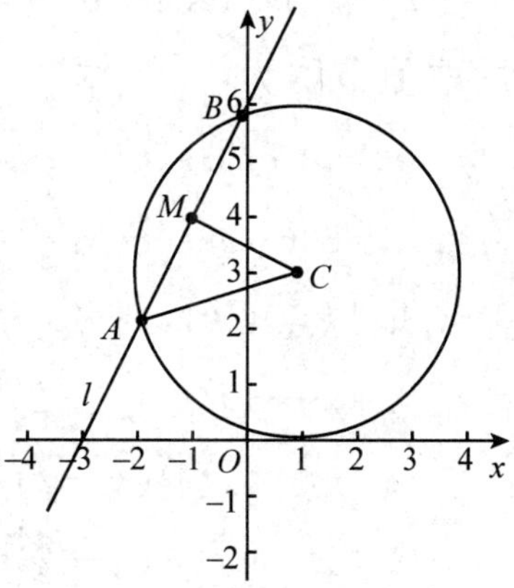

图 6-8

因为 $AC=r=3$，

所以 $AM=\sqrt{r^2-d^2}=\sqrt{9-5}=2$，

所以 $AB=2AM=2\times2=4$.

例 6 求平行于直线 $3x-4y-4=0$ 且与圆 A：$(x+2)^2+(y-4)^2=9$ 相切的直线的方程.

分析 由平行关系可设所求直线的方程为 $3x-4y+C=0$，由直线与圆相切，可知圆心到直线的距离 $d=r$，可采用待定系数法求出未知数 C.

解 设所求直线为 l，由于 l 与直线 $3x-4y-4=0$ 平行，因此设 l 的方程为 $3x-4y+C=0$

由已知可得圆心坐标为 $A(-2,4)$，$r=3$，所以圆心 A 到 l 的距离

$$d=\frac{|3\times(-2)-4\times4+C|}{\sqrt{3^2+(-4)^2}},$$

由于 l 与圆 A 相切，因此圆心到直线 l 的距离 $d=r$，故

$$\frac{|3\times(-2)-4\times4+C|}{\sqrt{3^2+(-4)^2}}=3.$$

整理可得 $|-22+C|=15$，解得 $C=37$ 或 $C=7$，

所以所求直线的方程为 $3x-4y+37=0$ 或 $3x-4y+7=0$.

改错与反思

同步训练 6.9.2

水平一

1. 直线 $x+2y+3=0$ 与圆$(x-1)^2+(y+3)^2=5$ 的位置关系为(　　).

A. 相离　　B. 相切

C. 相交且过圆心　　D. 相交且不过圆心

2. 若 $3x+4y+a=0$ 与圆$(x-3)^2+(y-3)^2=9$ 有两个公共点，则 a 的取值范围为(　　).

A. $-15<a<15$　　B. $a<-15$ 或 $a>15$

C. $-36<a<-6$　　D. $a<-36$ 或 $a>-6$

3. 以点 $C(1,\ -2)$为圆心，且与 x 轴相切的圆的标准方程为(　　).

A. $(x-1)^2+(y+2)^2=1$

B. $(x-1)^2+(y+2)^2=4$

C. $(x+1)^2+(y-2)^2=1$

D. $(x+1)^2+(y-2)^2=4$

4. 以点 $C(3,\ -1)$为圆心，且与直线 $3x-y=0$ 相切的圆的标准方程为________.

5. 已知圆的圆心为 $C(2,\ -3)$，要使圆与直线 $x=-2$ 相离，则半径 r 的取值范围为________.

6. 已知圆 $x^2+y^2=17$，过圆上一点 $A(-4,\ 1)$作圆的切线，求该切线的方程.

7. 求圆 C：$(x+2)^2+(y-1)^2=3$ 被直线 l：$3x+4y-3=0$ 所截得的弦 MN 的长.

水平二

1. 求垂直于直线 $5x-12y+3=0$ 且与圆 $(x-1)^2+y^2=4$ 相切的直线的方程.

2. 已知圆心在 $x-y+2=0$ 上，且与两个坐标轴都相切，求此圆的方程.

3. 求过直线 $3x-2y+1=0$ 与 $x+y-3=0$ 的交点 P，且与圆 $x^2+y^2=1$ 相切的直线的方程.

§6.10　圆的方程的应用

笔　记

知识要点

直线与圆的方程在生产、生活实践以及数学中有着广泛的应用.

解决直线与圆的方程的实际应用问题的一般步骤为:

(1)建立合适的平面直角坐标系，设出点的坐标;

(2)根据题意列出方程或者方程组，求出结果;

(3)根据实际情况确定解.

运用举例

例 1　某作战游戏中，天天躲在一圆形碉堡中心正北方 300 m 处，准备射击碉堡内的敌人，已知碉堡半径为 100 m，不久，有一敌人从碉堡中心向正西方移动，问敌人最少要移动多长距离天天才能射击到(假设枪的射程足够长)?(图 6-9)

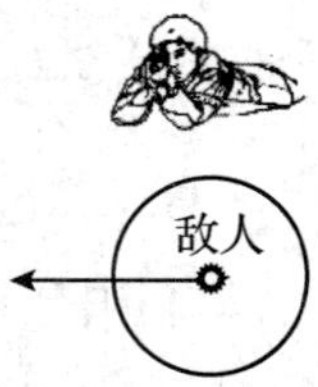

图 6-9

解　以碉堡中心 O 为圆心，100 m 为半径作圆，天天在点 O 正北方的点 A 处，与点 O 的距离为 300 m. 以 O 为原点，OA 所在直线为 y 轴建立平面直角坐标系(图 6-10)，则 $A(0,\ 300)$，敌人(点 B)由 O 沿 x 轴负半轴方向移动，当直线 AB 与圆相切或相离时，天天能射击到敌人. 由图 6-10 可知，至少当直线 AB 与圆相切时，天天才能射击到敌人.

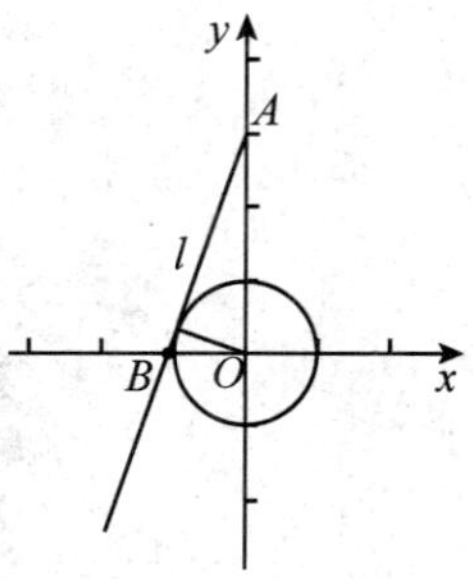

图 6-10

圆的方程为 $x^2+y^2=10\ 000$，设直线 AB 的方程为 $y-300=k\cdot(x-0)$，即 $kx-y+300=0$.

当直线 AB 与圆 O 相切时，圆心 O 到直线 AB 的距离 $d=r$,

即 $\dfrac{|0-0+300|}{\sqrt{k^2+(-1)^2}}=100$，解得 $k=\pm2\sqrt{2}$.

由于点 B 位于 x 轴负半轴上，故 $k>0$,

所以 $k=2\sqrt{2}$.

因此直线 AB 的方程为 $2\sqrt{2}x-y+300=0$,

设 $B(m,\ 0)$，代入直线 AB 的方程中，可得 $m=-75\sqrt{2}$,

所以点 B 的坐标为 $B(-75\sqrt{2},\ 0)$.

因此，敌人最少要移动 $75\sqrt{2}$ m，天天才能射击到.

例 2　某城市有一圆形环路，半径为 10 km，在距圆心正东 30 km 处，有一条方向为北偏东 30°的高速公路，在城市建设规划中，计划在此圆形环路上建一条和高速公路相通的公路，以提高便捷性，请问圆形环路出口应选在何处，这条公路会最短？这条公路长多少？

解　以圆形环路的圆心为坐标原点，正东方向为 x 轴，正西方向为 y 轴，建立平面直角坐标系，如图 6-11 所示，则圆的方程为 $x^2+y^2=100$.

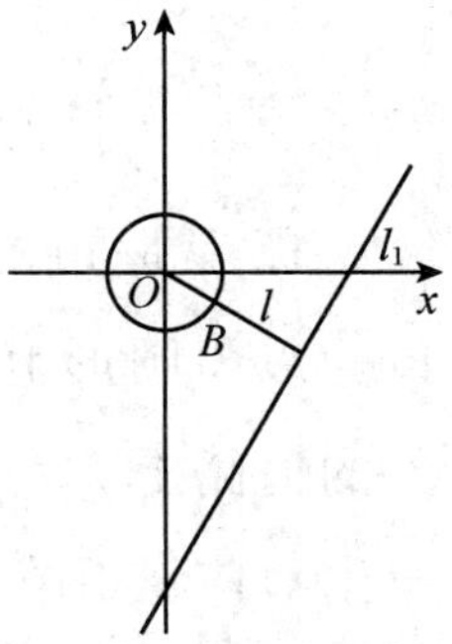

图 6-11

高速公路所在的直线 l_1 的方程为 $y-0=\tan 60°(x-30)$，即 $\sqrt{3}x-y-30\sqrt{3}=0$，圆心到直线 l_1 的距离

$$d=\frac{|0-0-30\sqrt{3}|}{\sqrt{3+1}}=15\sqrt{3}.$$

过圆心作直线 l_1 的垂线 l，交圆于点 B，那么垂线 l 的斜率 $k=-\frac{\sqrt{3}}{3}$，因此垂线 l 所在直线的方程为 $y=-\frac{\sqrt{3}}{3}x$.

解方程组 $\begin{cases} y=-\frac{\sqrt{3}}{3}x, \\ x^2+y^2=100, \\ x>0, \end{cases}$ 得 $\begin{cases} x=5\sqrt{3}, \\ y=-5, \end{cases}$

故点 B 的坐标为 $(5\sqrt{3},\ -5)$.

因此，出口应选在圆心的南偏东 60°的点 $B(5\sqrt{3},\ -5)$处，这条公路长为 $15\sqrt{3}-10$ km.

同步训练 6.10

改错与反思

水平一

1. 某圆拱桥的跨度是 38 m，圆拱高 7 m，如果坐标原点取圆拱两端点的连线的中点，则这座圆拱桥的拱圆方程为________________.

2. 某小区三栋楼的大门分别位于 A，B，C 三点，为提高小区居民的舒适度，现欲建一个圆形小花园，使 A，B，C 三点都在花园的圆周上，建立平面直角坐标系，测得 $A(0,\ -1)$，$B(2,\ 3)$，$C(3,\ 0)$. 求(1)小花园所在圆的方程；(2)小花园中心位置的坐标；(3)小花园的面积．

水平二

1. 某城市考虑在半径为 100 米的高架圆形环路的东侧的某处开一个出口，以与圆形道路相切的方式，引一条直路到圆形环路圆心正北方向 300 米处的道路上，写出直路所在直线的方程和圆形环路所在圆的方程，并计算出出口应该开在圆形环路的何处．

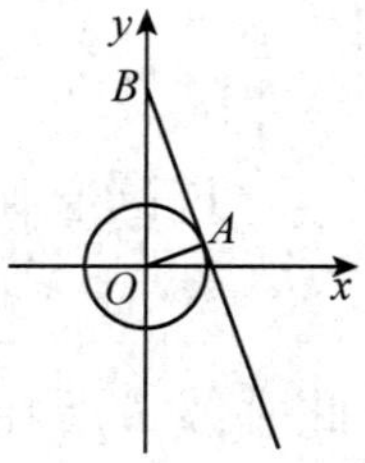

第 1 题图

2. 一座圆形拱桥，当水面在某个位置时，拱顶离水面 2 m，水面宽 16 m，当水面下降 2 m后，水面宽为_________________．

第七单元 · 简单几何体

§7.1 简单几何体的三视图

7.1.1 简单几何体

知识要点

笔 记

1. 一般地，我们把由若干个平面多边形围成的几何体叫作多面体，围成多面体的各个多边形叫作多面体的面，相邻两个面的公共边叫作多面体的棱，棱与棱的公共点叫作多面体的顶点．

2. 棱柱与棱锥．

多面体	棱柱	棱锥
概念	有两个面互相平行，其余各面都是四边形，并且相邻两个四边形的公共边都互相平行，由这些面所围成的多面体叫作棱柱	有一个面是多边形，其余各面都是有公共顶点的三角形，由这些面所围成的多面体叫作棱锥
	其中两个互相平行的面叫作棱柱的底面，简称底	这个多边形面叫作棱锥的底面
	其余各面叫作棱柱的侧面	有公共顶点的各个三角形面叫作棱锥的侧面
	相邻两侧面的公共边叫作棱柱的侧棱	相邻两侧面的公共边叫作棱锥的侧棱
	侧棱与底面的公共顶点叫作棱柱的顶点	各侧面的公共顶点叫作棱锥的顶点

续表

多面体	棱柱	棱锥
图示	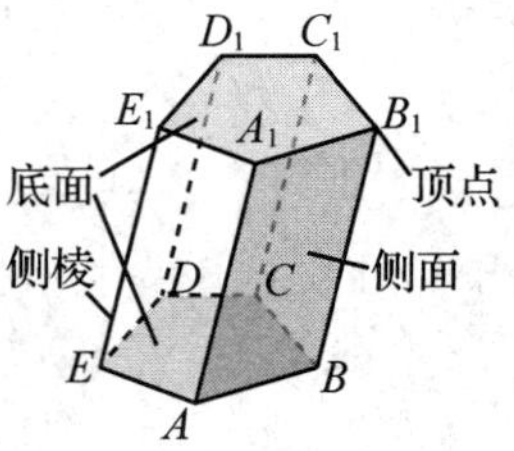 棱柱 $ABCDE\text{-}A_1B_1C_1D_1E_1$	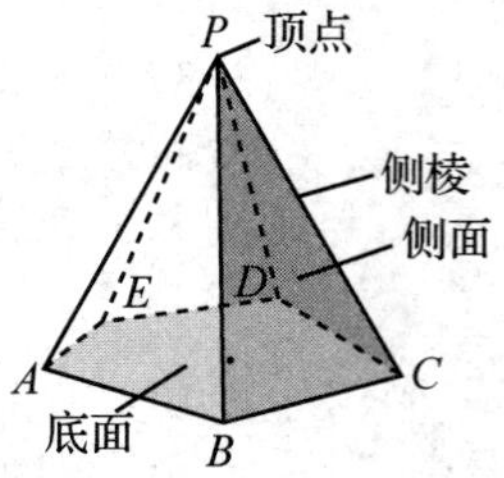 棱锥 $P\text{-}ABCDE$
表示	通常用表示底面各顶点的字母来表示棱柱	通常用表示顶点和底面各顶点的字母来表示棱锥
分类	按底面的形状分： 底面是三角形、四边形、五边形……的棱柱分别叫作三棱柱、四棱柱、五棱柱……	按底面的形状分： 底面是三角形、四边形、五边形……的棱锥分别叫作三棱锥、四棱锥、五棱锥……
	按棱柱侧面与底面的形状分： 侧面都是矩形的棱柱叫作直棱柱，有的侧面不是矩形的棱柱叫作斜棱柱	
特殊类型	底面是正多边形的直棱柱叫作正棱柱	顶点在底面上的垂直投影是底面的中心且底面为正多边形的棱锥叫作正棱锥

3. 我们把由一个平面图形绕它所在平面内的一条定直线旋转所形成的曲面叫作旋转面，封闭的旋转面围成的几何体叫作旋转体．这条定直线叫作旋转体的轴．

4. 圆柱、圆锥与球．

旋转体	圆柱	圆锥	球
概念	以矩形的一边所在的直线为旋转轴，其余三边旋转一周形成的面所围成的旋转体叫作圆柱	以直角三角形的一条直角边所在的直线为旋转轴，其余两边旋转一周形成的曲面所围成的旋转体叫作圆锥	一个半圆以它的直径所在的直线为旋转轴，旋转一周形成的曲面叫作球面，球面所围成的旋转体叫作球体，简称球
	旋转轴叫作圆柱的轴	旋转轴叫作圆锥的轴	半圆的圆心叫作球的球心；连接球心和球面上任意一点的线段叫作球的半径

续表

旋转体	圆柱	圆锥	球
	垂直于轴的边旋转而成的圆面叫作圆柱的底面	垂直于轴的边旋转而成的圆面叫作圆锥的底面	球的截面是圆，并且球心与截面圆圆心的连线垂直于截面
	平行于轴的边旋转而成的曲面叫作圆柱的侧面	直角三角形的斜边旋转而成的曲面叫作圆锥的侧面	经过球心的平面截球，所得的圆叫作球的大圆，不经过球心的平面截球，所得的圆叫作球的小圆．经过球面上两点的大圆在这两点间的一段劣弧长叫作球面上两点的球面距离
	无论旋转到何处，平行于轴的边都叫作圆柱的母线	无论旋转到何处，直角三角形斜边所在的直线都叫作圆锥的母线	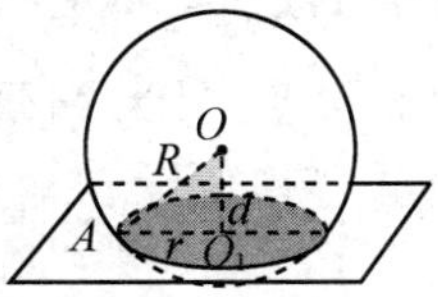 $d=\sqrt{R^2-r^2}$
图示	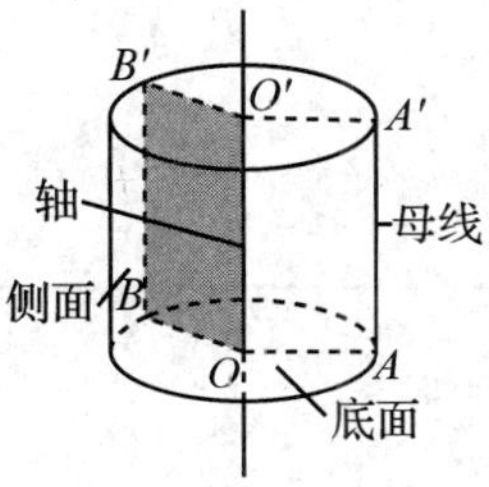 圆柱 OO'	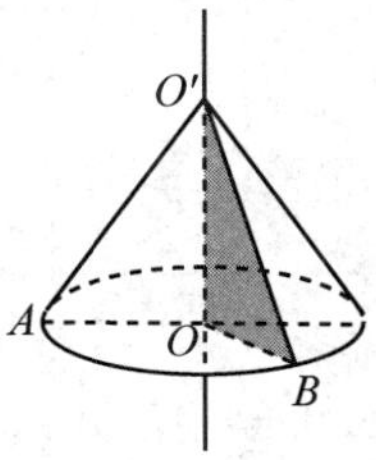 圆锥 OO'	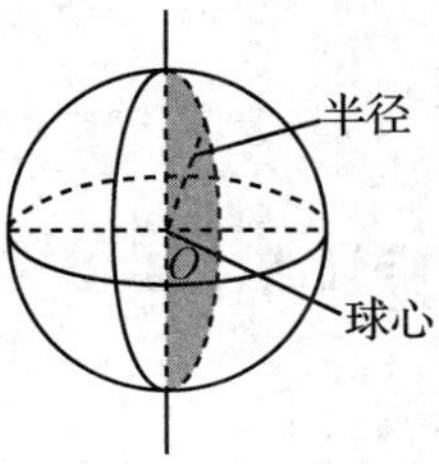 球 O
表示	用表示它的轴的字母来表示	用表示它的轴的字母来表示	用表示球心的字母来表示

运用举例

例 1　棱柱的侧面都是矩形，那么这个棱柱一定是(　　).

A. 正棱柱　　B. 平面六面体

C. 长方体　　D. 直棱柱

分析　由题意可知侧面都是矩形，则侧棱都和底面垂直，而底面不一定是矩形，故棱柱一定是直棱柱．

答案： D.

例 2　关于正三棱锥下列说法正确的是(　　).

A. 每个侧面都是正三角形

B. 底面是正三角形

C. 正三棱锥的顶点到底面的距离叫作斜高

D. 各侧棱长不相等

分析　本题考查的是正三棱锥的几何结构．正三棱锥主要有以下几个特征：(1)各侧棱长都相等；(2)各侧面都是全等的等腰三角形，不是正三角形；(3)底面是正三角形；(4)正三棱锥的顶点到底面的距离叫作高．所以，只有 B 是正确的．故选 B.

答案：B.

例 3　下列说法中正确的是(　　).

A. 以直角三角形的一边为轴旋转所得的旋转体是圆锥

B. 以直角梯形的一腰为轴旋转所得的旋转体是圆柱

C. 圆柱、圆锥的底面都是圆

D. 圆锥的侧面展开图为扇形，这个扇形所在圆的半径等于圆锥的底面圆的半径

分析　根据圆锥、圆柱等旋转体的概念进行判断，特别要注意旋转的轴，故排除选项 A，B，D.

答案：C.

改错与反思

同步训练 7.1.1

水平一

1. 多面体按照它的面数分，可分为四面体、五面体、六面体等，以下各图分别为几面体？

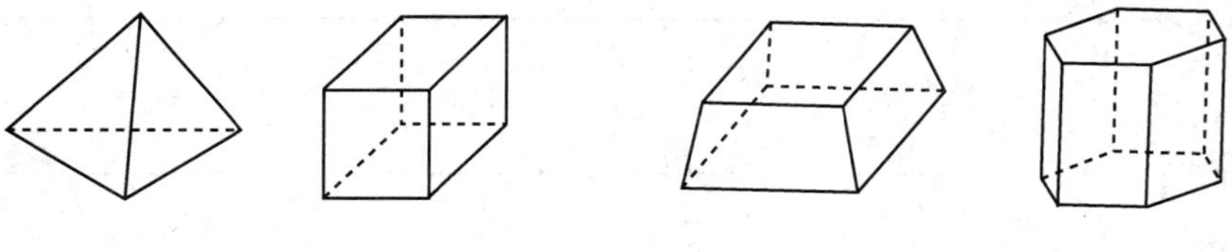

________　________　________　________

2. 下列各几何体中，不是多面体的是(　　).

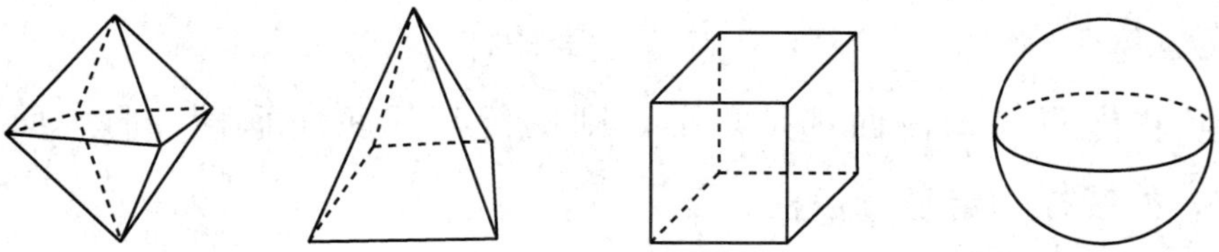

A.　B.　C.　D.

3. 下列各多面体，是五面体的是(　　).

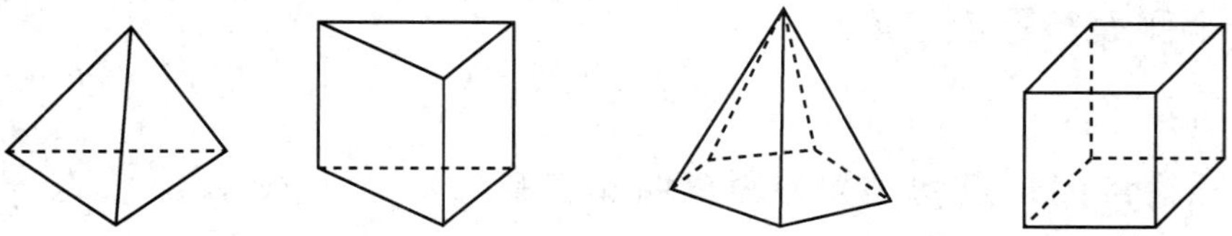

A.　B.　C.　D.

4. 下列各多面体中，有 8 条棱的是(　　).

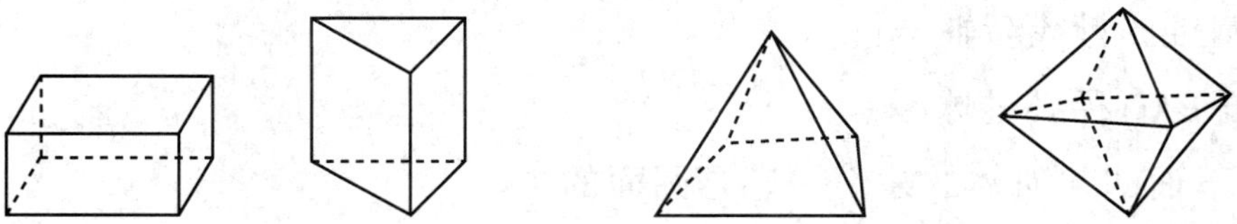

A.　　B.　　C.　　D.

5. 下面各多面体中，是棱柱的有(　　).

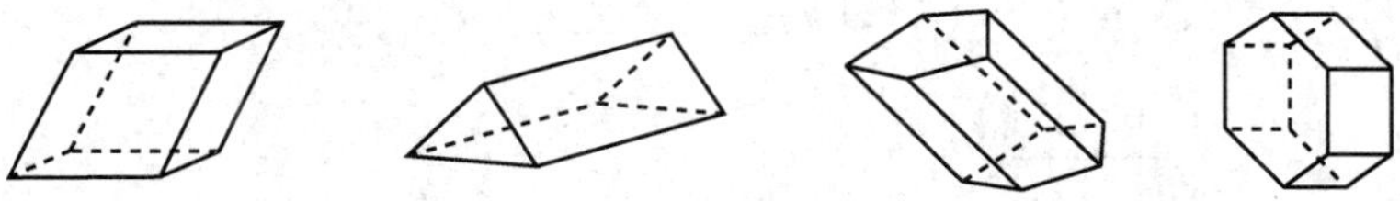

A. 1 个　　B. 2 个　　C. 3 个　　D. 4 个

6. 下列说法中正确的是(　　).

A. 棱柱的侧面可以是三角形

B. 正方体和长方体都是特殊的四棱柱

C. 所有的几何体的表面都能展成平面图形

D. 棱柱的各条棱都相等

7. 若正棱锥的底面边长与侧棱长相等，则该棱锥一定不是(　　).

A. 三棱锥　　B. 四棱锥

C. 五棱锥　　D. 六棱锥

8. 下列几何体不是旋转体的是(　　).

A. 圆柱　　B. 棱柱　　C. 球　　D. 圆台

9. 如图所示的几何体中有(　　).

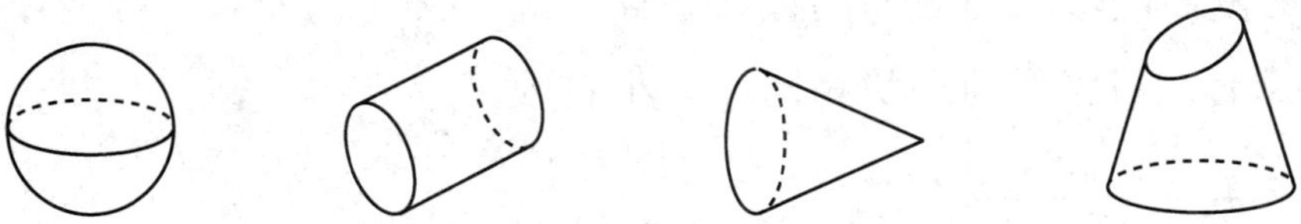

(1)　　(2)　　(3)　　(4)

A. 圆柱、圆锥、圆台和球　　B. 圆柱、球和圆锥

C. 球、圆柱和圆台　　D. 棱柱、棱锥、圆锥和球

10. 过圆锥的轴作截面，则截面形状一定是(　　).

A. 直角三角形　　B. 等腰三角形

C. 等边三角形　　D. 等腰直角三角形

11. 直角三角形绕着它的一条直角边旋转得到的几何体是(　　).

A. 圆柱　　B. 圆锥　　C. 球　　D. 圆台

12. 下列说法正确的是(　　).

A. 圆锥的母线长等于底面圆的直径

B. 圆柱的母线与轴垂直

C. 圆锥的母线与轴平行

D. 球的直径必过球心

13. 下面的几何体的截面一定是圆面的是(　　).

A. 圆锥　　B. 球　　C. 圆柱　　D. 棱柱

14.(1)图(a)中的几何体叫作________，AA_1、BB_1 等叫作它的________，A，B，C_1 等叫作它的________.

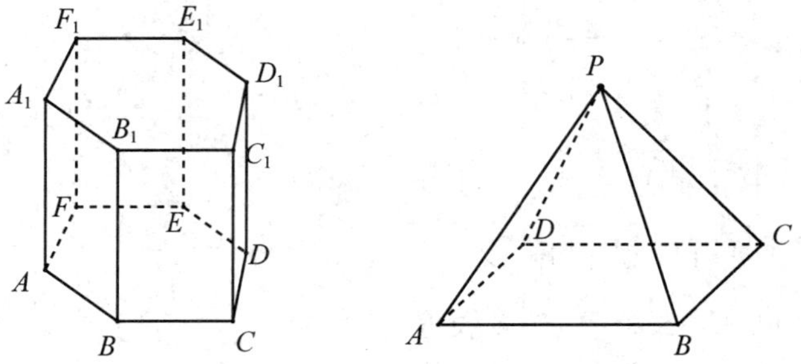

(a)　　(b)

第 14 题图

(2)图(b)中的几何体叫作________，PA，PB 叫作它的________，平面 PBC 和平面 PCD 叫作它的________，平面 $ABCD$ 叫作它的________.

15. 下列有关棱柱的说法：

①棱柱的所有面都是平的；

②棱柱的所有棱长都相等；

③棱柱的所有侧面都是长方形或正方形；

④棱柱的侧面的个数与底面的边数相等；

⑤棱柱的上、下底面的形状相同、大小相等.

正确的有____________.

水平二

1. 下列各多面体中，有 10 条棱的是(　　).

A. 三棱柱　　B. 五棱柱　　C. 五棱锥　　D. 长方体

2. 下面的多面体，是五面体的是(　　).

A. 三棱锥　　B. 三棱柱

C. 四棱柱　　D. 五棱锥

3. 下列说法不正确的是(　　).

A. 圆柱侧面展开图是一个矩形

B. 圆锥的过轴的截面是等腰三角形

C. 直角三角形绕它的一条边旋转而成的曲面围成的几何体是圆锥

D. 到顶点的距离等于定长的点的集合是球面

4. 左图是由右侧哪个平面图形旋转得到的(　　).

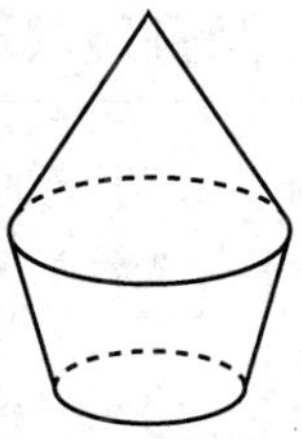

第 4 题图

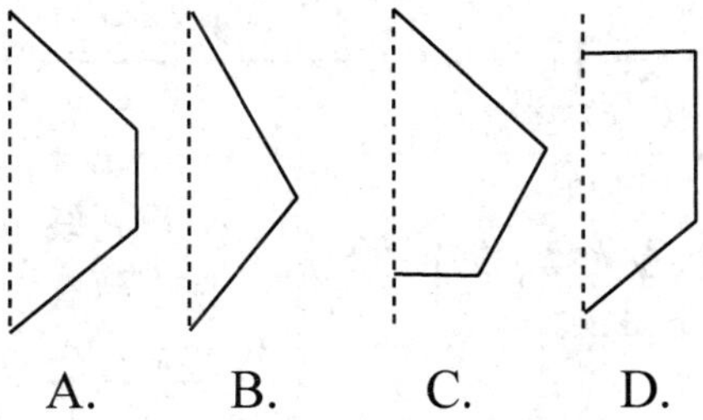

5. 如图所示，长方体 $ABCD\text{-}A_1B_1C_1D_1$.

(1)这个长方体是棱柱吗？如果是，是几棱柱？为什么？

(2)用平面 $BCNM$ 把这个长方体截成两部分，各部分(几何体)还是棱柱吗？如果是，是几棱柱，并用符号表示．如果不是，说明理由．

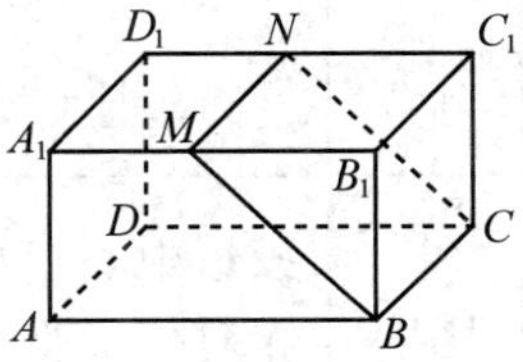

第 5 题图

数学窗

欧拉多面体定理

欧拉多面体定理也称多面体欧拉定理或多面体欧拉公式，由瑞士数学家莱昂哈德·欧拉(Leonhard Euler)证明．这个定理可简单概括为，对于任何一个简单多面体，其各维对象数总满足一定的数学关系．在三维空间中，欧拉多面体定理可表示为“顶点数－棱数＋面数＝2”．对于任一多面体，如果用 V 表示顶点数，E 表示棱数，F 表示面数，那么，该定理可以表示为 $V-E+F=2$．这个定理描述了简单多面体中顶点数、棱数、面数之间特有的规律，也引导数学家进入了一个新的几何学领域：拓扑学．

7.1.2　中心投影和平行投影

笔　记

知识要点

<table>
<tr><th>名称</th><th>中心投影</th><th colspan="2">平行投影</th></tr>
<tr><td>概念</td><td>由同一点(点光源)发出的光线形成的投影叫作中心投影</td><td colspan="2">由平行光线形成的投影叫作平行投影(通常太阳光线被认定为是平行光线)．平行投影的投射线是平行的</td></tr>
<tr><td>分类</td><td></td><td>正投影：
投射线垂直于投影面，所得投影称为正投影</td><td>斜投影：
投射线斜着照射投影面，所得投影称为斜投影</td></tr>
<tr><td>图示</td><td>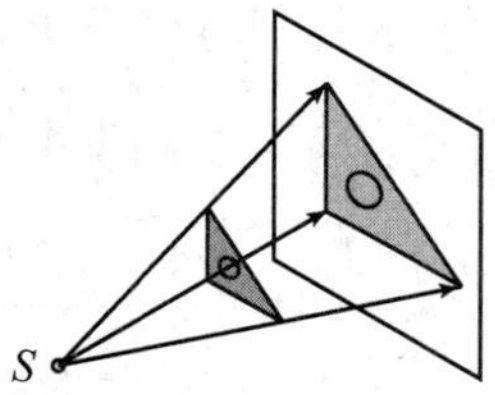
</td><td colspan="2">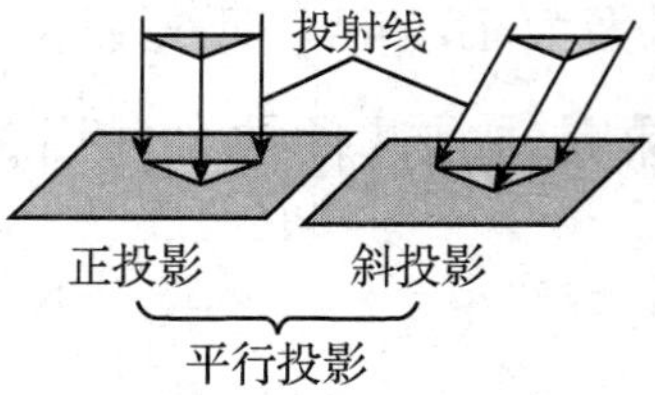
</td></tr>
<tr><td>区别</td><td>投影中心、投影面和物体的相对位置改变时，直观图的大小和形状也将改变</td><td colspan="2">在平行投影中，当物体的某个面平行于投影面时，这个面的正投影与这个面的形状、大小完全相同</td></tr>
<tr><td>适用</td><td>画实际效果图时，一般用中心投影法：摄影、绘画</td><td colspan="2">画立体几何中的图形时一般用平行投影法：工程制图和技术制图</td></tr>
</table>

运用举例

例　如图 7-1 所示，投射线的方向如箭头所示，两组几何体的正投影分别是(　　)．

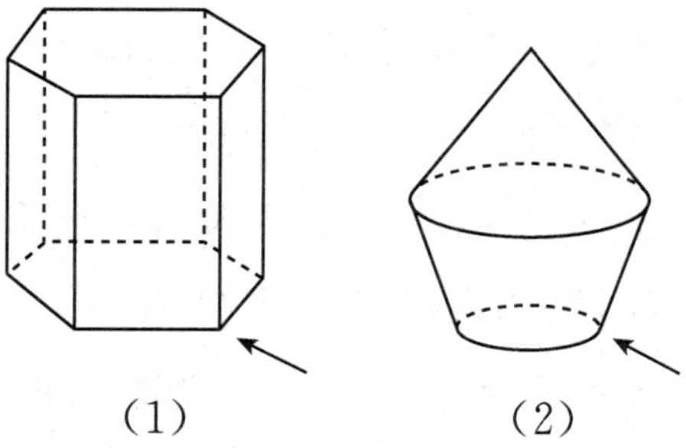

图 7-1

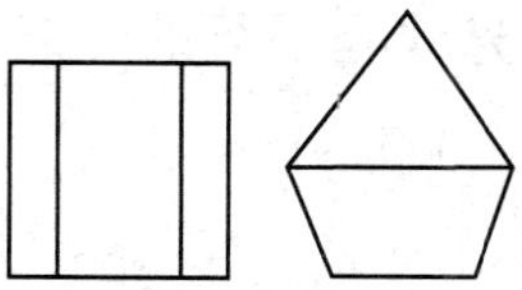

A.

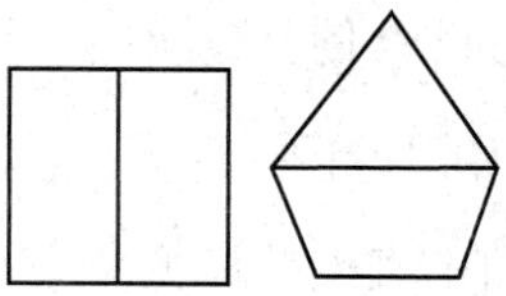

B.

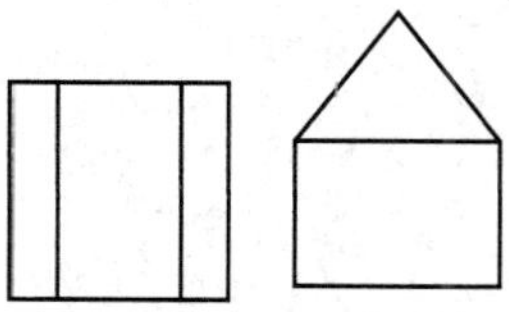

C.

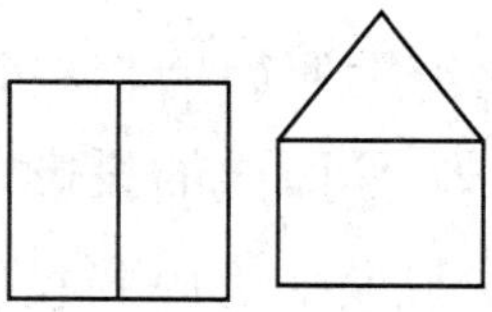

D.

分析 本题考查的是几何体的正投影，因此投射线的方向至关重要．A，C 选项的左侧图是由光线从物体的前方照射到后方得到的正投影，D 选项的右侧图与实际正投影形状不一致，故选 B.

答案：B.

同步训练 7.1.2

改错与反思

水平一

1. 下列各种现象属于中心投影现象的是(　　).

A. 上午 10：00 时，走在路上的人的影子

B. 晚上 10：00 时，走在路灯下的人的影子

C. 中午用来乘凉的树影

D. 升国旗时，地上旗杆的影子

2. 下列哪种光线形成的投影不是中心投影(　　).

A. 台灯　　B. 太阳

C. 手电筒　　D. 路灯

3. 下列命题正确的是(　　).

A. 矩形的平行投影一定是矩形

B. 梯形的平行投影一定是梯形

C. 两条相交直线的投影可能平行

D. 一条线段中点的平行投影仍是这条线段投影的中点

4. 以下命题中正确的有(　　).

①太阳光线可以看成平行光线，这样的光线形成的投影是平行投影；

②物体的投影的长短在任何光线下，仅与物体的长短有关；

③物体的俯视图是光线垂直照射时，物体的投影；

④物体的左视图是光源在物体的左侧时所产生的投影；

⑤看书时人们之所以使用台灯是因为台灯发出的光线是平行的光线．

A. 1 个　　B. 2 个　　C. 3 个　　D. 4 个

5. 下列命题正确的是(　　).

A. 一个点在一个平面内的投影仍是一个点

B. 一条线段在一个平面内的投影仍是线段

C. 一条直线在一个平面内的投影仍是一条直线

D. 一个三角形在一个平面内的投影仍是三角形

6. 下列说法正确的是(　　).

A. 皮影戏是在灯光下形成的中心投影

B. 甲物体比乙物体高，则甲的投影比乙的投影长

C. 物体的正投影与物体的大小相等

D. 物体的正投影与物体的形状相同

水平二

画出图中物体(正五棱柱)的正投影．

(1)光线由物体前方照射到后方；

(2)光线由物体左方照射到右方；

(3)光线由物体上方照射到下方．

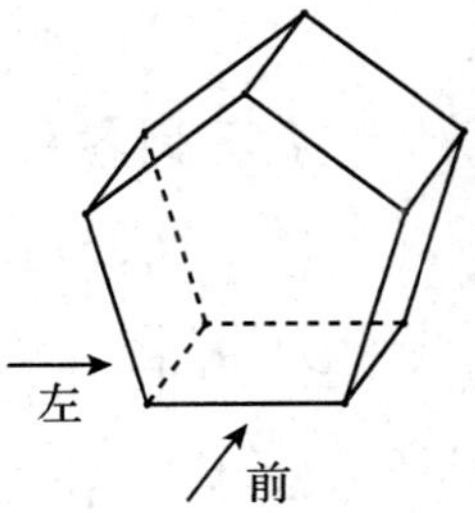

(1)　　(2)　　(3)

数学窗

投影机的“发展史”

据《汉书・外戚传》记载，汉武帝最宠爱的妃子李夫人死后，汉武帝伤心欲绝、朝思暮想，道士李少翁将李夫人生前的衣服挂在净室里，中间挂上薄纱幕，点上蜡烛，模仿李夫人的影子投在薄纱幕上．实际上，李少翁表演的是一出皮影戏，这是最早有关于幻灯技术的记载．1640 年，一位名为奇瑟的耶稣教会教士发明了一种叫魔法灯的幻灯机，运用镜头及镜子反射光

线的原理，将一连串的图片反射在墙面上．这在当时是很了不起的发明，但是奇瑟也因此被指控施妖术．1654 年，德国人基夏尔首次记述了幻灯机的发明过程．幻灯机的工业化生产开始于 1845 年，光源从初时的蜡烛等改为油灯、汽灯，最后改为电光源．随着科技发展，1989 年，世界上第一台液晶投影机——爱普生的 VPL-2000 诞生．如今，幻灯机演变成投影机，开始越来越多地出现在人们的生活中．

——部分内容摘自《科技发明之旅》，作者为青少年科普馆编委会，四川科学技术出版社 2013 年出版．

7.1.3　简单几何体的三视图画法

笔　记

知识要点

1. 当我们从某一方向观察一个物体时，所看到的平面图形叫作物体的一个视图，视图可以看作物体在某一方向的光线下的正投影，对于同一个物体，如果从不同方向观察，所得到的视图可能不同.

2. 三视图.

(1) 空间几何体的三视图定义.

正视图：光线由前向后照射，得到的正投影；它能反映物体的高度和长度.

左视图：光线由左向右照射，得到的正投影；它能反映物体的高度和宽度.

俯视图：光线由上向下照射，得到的正投影；它能反映物体的长度和宽度.

(2) 空间几何体的三视图的画法步骤.

画三视图的步骤：先分析后选择，先基准后轮廓，先关键后其他，三视图一起画．先分析三视图的方位，再分析几何体的长、宽、高分别是哪一条线. 构图要领：正俯长对正，正左高平齐，左俯宽相等. 画图过程中可视轮廓线画为实线，看不到的轮廓线画为虚线．

3. 常见几何体三视图.

几何体	长方体	圆柱	圆锥
直观图	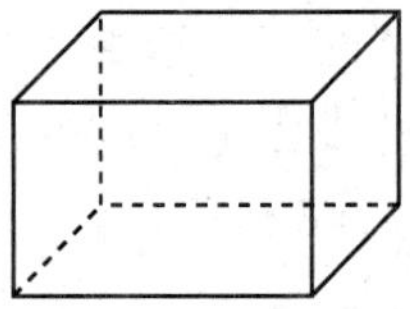	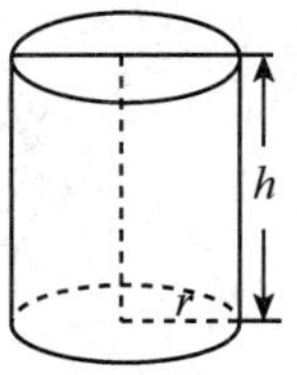	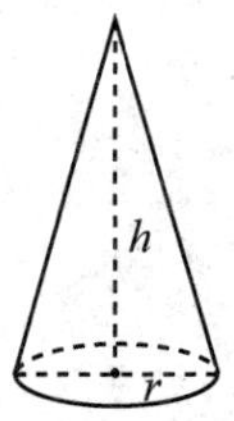
三视图	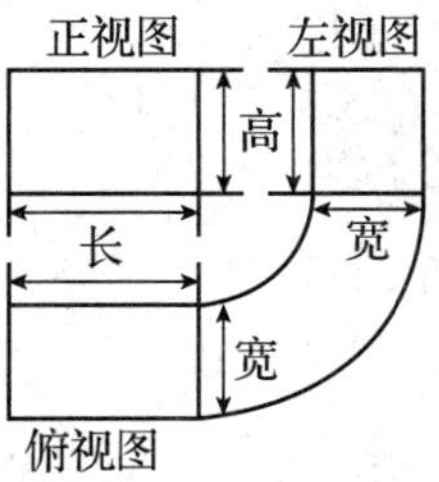	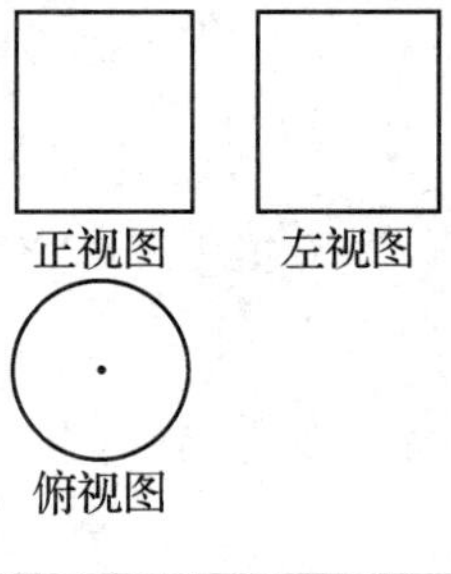	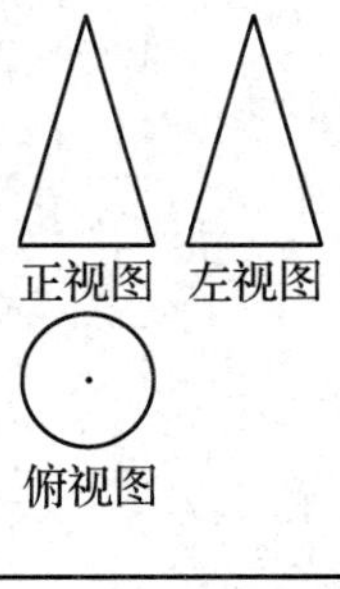

运用举例

例 画出下面几何体的三视图(图 7-2).

分析 先对几何体进行分析，这是由两个长方体组合而成的，从不同的方位观察几何体的特征，按照位置关系进行构图，得到正视图、左视图、俯视图.

答案:

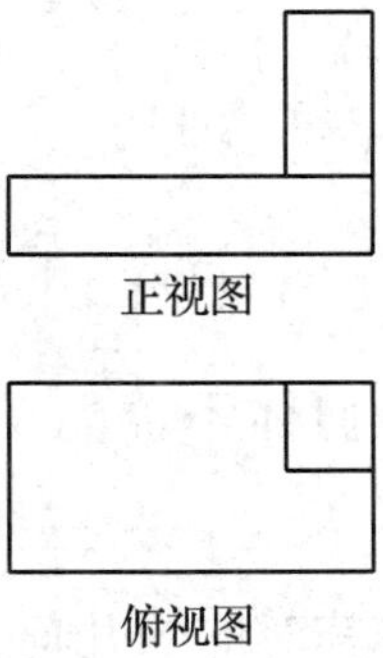

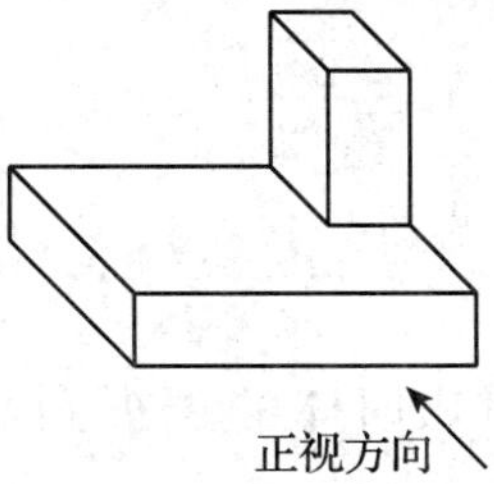

图 7-2

同步训练 7.1.3

改错与反思

水平一

1. 对几何体的三视图，下列说法正确的是( ).

A. 正视图反映物体的长和宽

B. 俯视图反映物体的长和高

C. 左视图反映物体的高和宽

D. 正视图反映物体的高和宽

2. 下列几何体中，俯视图为三角形的是( ).

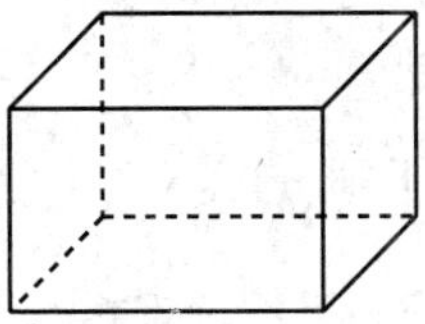

A.

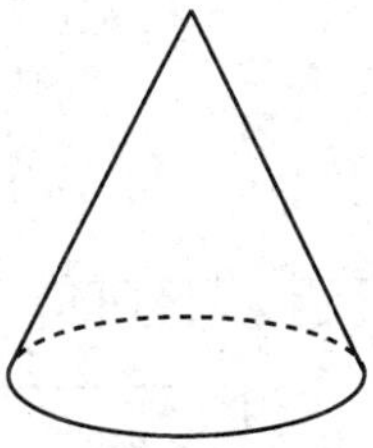

B.

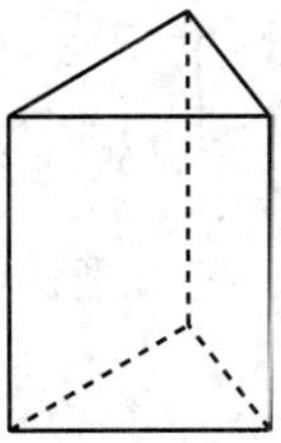

C.

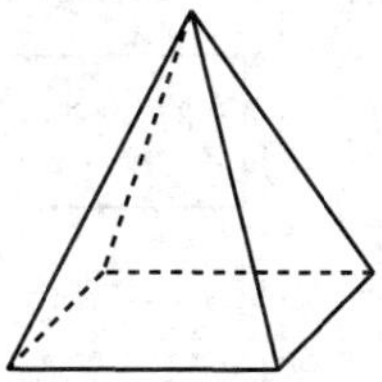

D.

3. 如图所示的圆锥的俯视图为(　　).

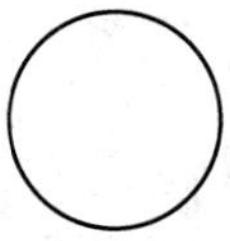
A.

B.
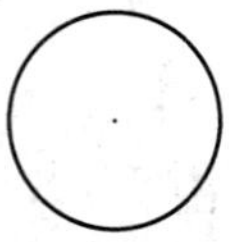
C.
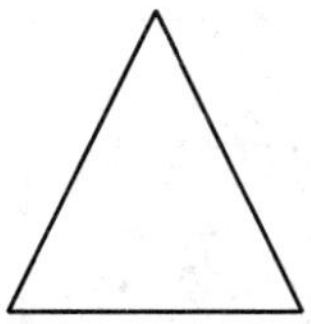
D.

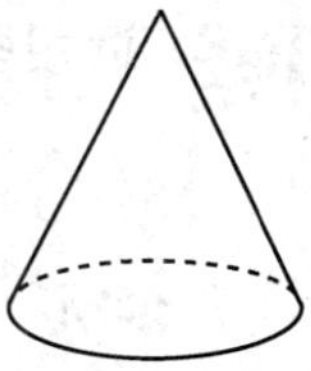
第 3 题图

4. 右图是一个实物，则它的左视图大致为(　　).

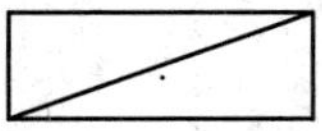
A.
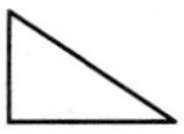
B.
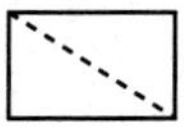
C.
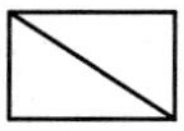
D.

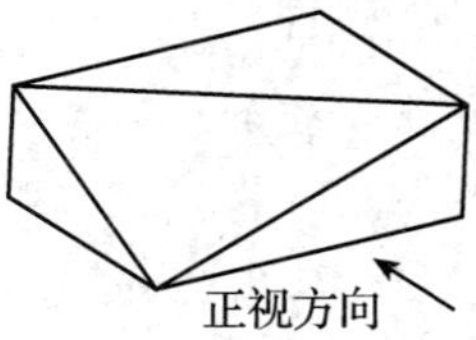

第 4 题图

5. 某空间几何体的正视图是三角形，则该几何体不可能是(　　).

A. 圆柱　　B. 圆锥　　C. 四面体　　D. 三棱柱

6. 根据下图所给出的几何体的俯视图，找出与其对应的几何体.

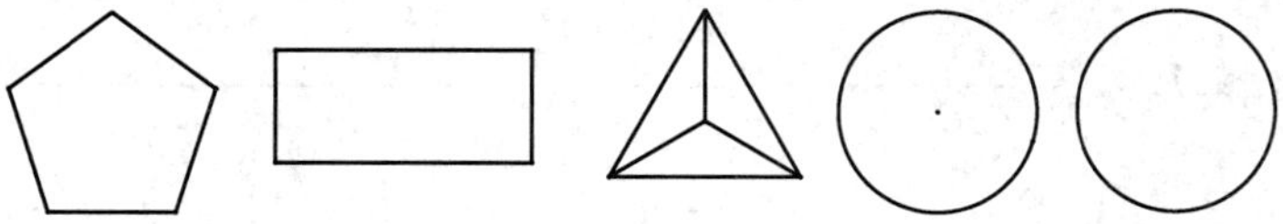
(1)　(2)　(3)　(4)　(5)

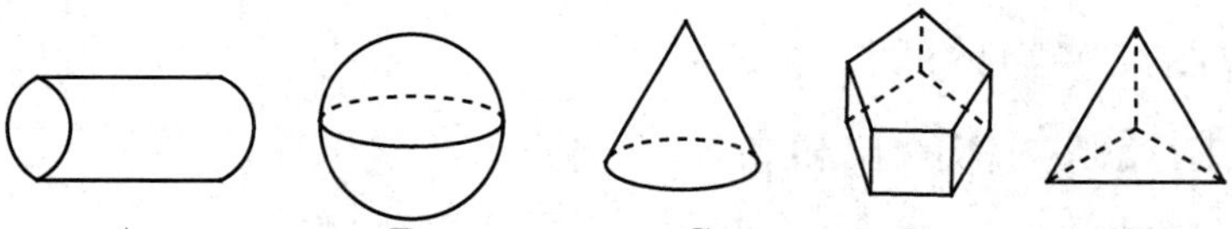
A.　B.　C.　D.　E.

(1)对应________；(2)对应________；(3)对应________；(4)对应________；(5)对应________.

水平二

1. 一几何体如右图所示，下列给出的四个俯视图中正确的是(　　).

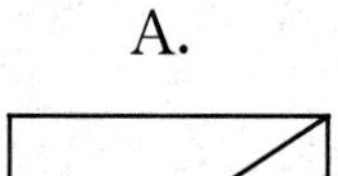
A.
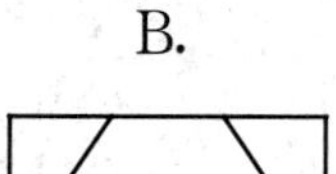
B.
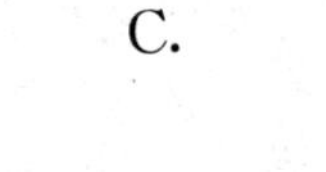
C.
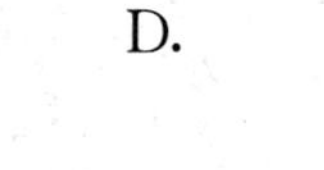
D.

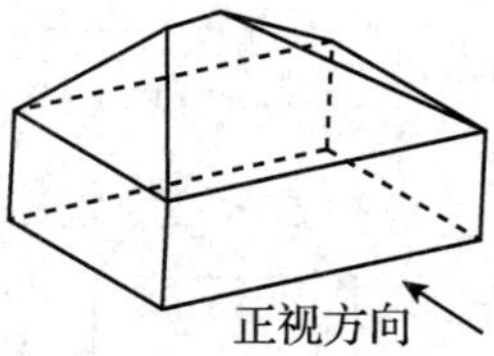

第 1 题图

2. 下列几何体各自的三视图中，有且仅有两个视图相同的是(　　).

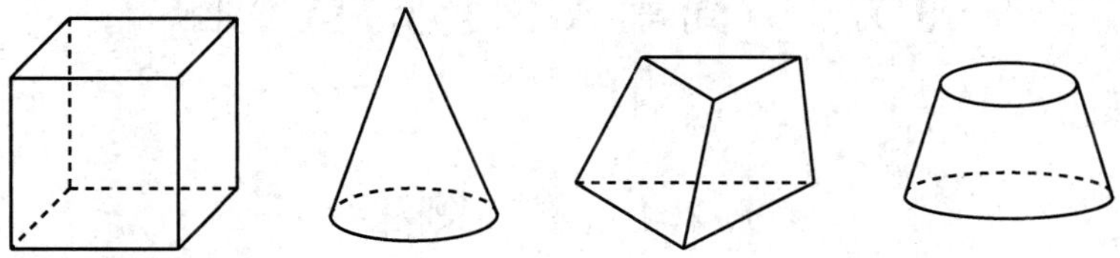

A. ①②　　B. ①③　　C. ①④　　D. ②④

3. 画出下面几何体的三视图.

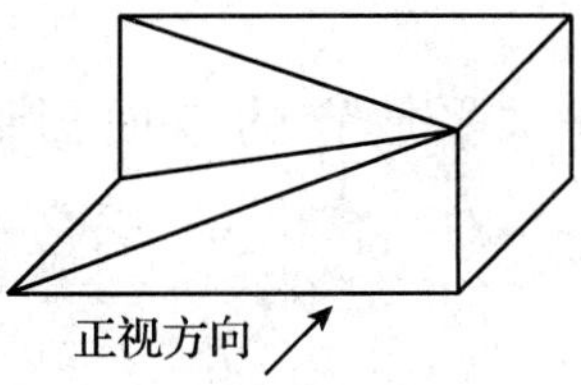

第 3 题图

§7.2　简单几何体的直观图

7.2.1　斜二测法

笔　记

知识要点

1. 观察者从某一点观察几何体而获得的图形，我们称为几何体的直观图．

2. 我们采用斜二测法画水平放置的平面图形的直观图．这是一种特殊的平行投影画法．

斜二测法的基本步骤是：

(1)在已知图形中选取适当位置，取互相垂直的两条直线为 x 轴、y 轴，两轴相交于点 O，建立平面直角坐标系．画直观图时，把它们画成对应的 x'轴、y'轴，两轴相交于点 O'，使 $\angle x'O'y'=45°$或 $135°$，它们确定的平面表示水平面．

(2)已知图形中平行于 x 轴的线段，在直观图中画成与 x'轴平行的线段，并且保持原长度不变；平行于 y 轴的线段，在直观图中画成与 y'轴(注意与 x'轴成 $45°$)平行的线段，长度变为原来的$\dfrac{1}{2}$.

(3)连接各顶点，擦去辅助线 x'轴、y'轴，得到的图形为该图形的直观图．

3. 水平放置的正方形看起来像平行四边形，水平放置的圆看起来像椭圆，水平放置的正三角形的直观图不是正三角形．

运用举例

例 1　用斜二测法画出水平放置的菱形的直观图．(图 7-3)

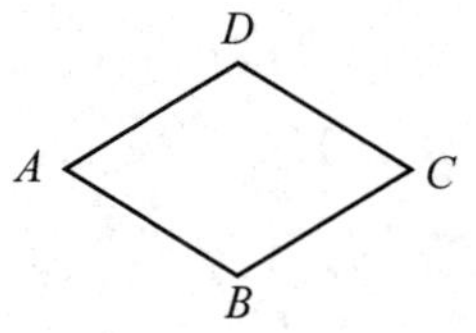

图 7-3

分析　(1)利用菱形对角线互相垂直的性质，先在菱形上建立平面直角坐标系，对应画出直观图中的 x'轴、y'轴．如图 7-4(a)所示，利用菱形性质，取对角线的交点 O 为原点，分别以 AC 边所在的直线、BD 边所在的直线为 x 轴、y 轴，建立平面直角坐标系．画直观图时，把它们画成对应的 x'轴、y'轴，两轴相交于点 O'，使 $\angle x'O'y'=45°$.

(2)确定菱形四个顶点的位置．根据斜二测法的要求，在 x' 轴上取与 AC 边长度相同的线段 $A'C'$，在 y' 轴正半轴上取 $O'D'$，使 $O'D'=\frac{1}{2}OD$，在 y' 轴负半轴上取 $O'B'$，使 $O'B'=\frac{1}{2}OB$.

(3)连接各顶点，去辅助线．连接直观图中 A'，B'，C'，D' 四个点，擦除辅助线，得到菱形 $ABCD$ 的直观图 $A'B'C'D'$.

答案： 直观图如图 7-4(c)所示．

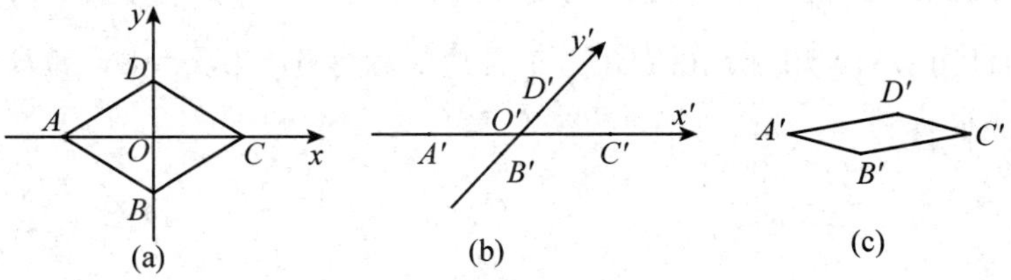

图 7-4

例 2 如图 7-5 所示，用斜二测法画得的水平放置的梯形 $ABCD$ 的直观图是梯形 $A'B'C'D'$，试画出梯形 $ABCD$，并判断梯形的种类．

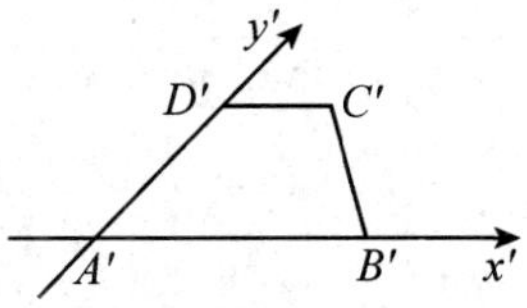

图 7-5

解 (1)根据斜二测法的要求，利用直观图中的 x' 轴、y' 轴，画出对应的 x 轴、y 轴，得到平面直角坐标系．

如图 7-6(a)所示，以 A 为原点，AB 边所在直线为 x 轴，对应画出 y 轴．

(2)确定梯形四个顶点的位置．$AB=A'B'$，点 D 在 y 轴上，且 $AD=2A'D'$. 过点 D 作 DC 与 AB 平行，且 $DC=D'C'$，得到点 C.

(3)连接各顶点，去辅助线．连接平面直角坐标系中的 A，B，C，D 四个点，擦除辅助线，得到梯形 $ABCD$.

由图 7-6(b)可发现，梯形 $ABCD$ 为直角梯形，$AB/\!/CD$ 且 $\angle A=90°$.

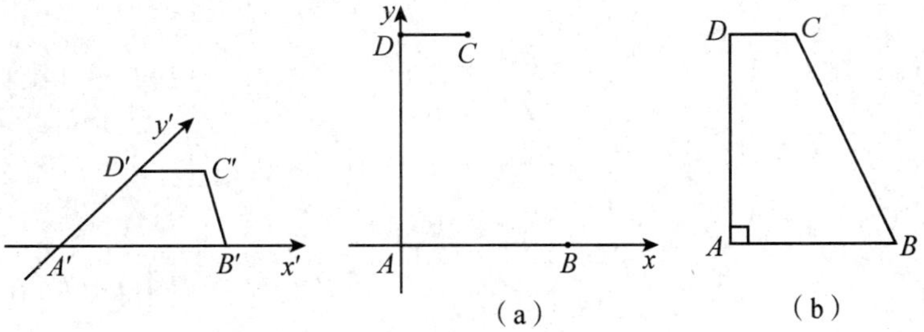

图 7-6

改错与反思

同步训练 7.2.1

水平一

1. 关于用斜二测法画的平面图形的直观图，下列说法正确的是(　　).

A. 等腰三角形的直观图仍为等腰三角形

B. 正方形的直观图为平行四边形

C. 梯形的直观图可能不是梯形

D. 正三角形的直观图一定为等腰三角形

2. 如图所示，已知 Rt△ABC 的三边 $AC=6$，$BC=8$，$AB=10$，则直观图 $A'B'C'$ 中 $B'C'=$(　　).

A. 3　　B. 4　　C. 5　　D. 8

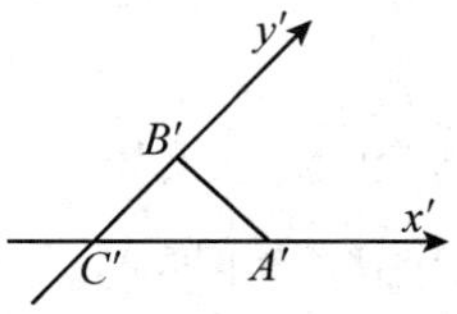

第 2 题图

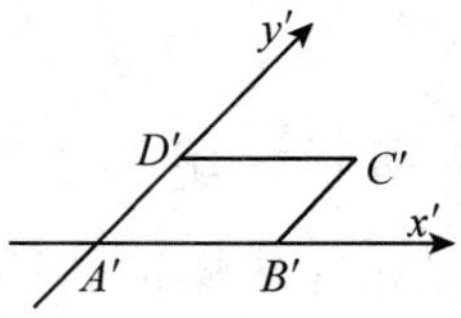

第 3 题图

3. 如图所示，平面图形的直观图 $A'B'C'D'$ 中 $A'D'/\!/B'C'$，则四边形 $ABCD$ 为(　　).

A. 平行四边形

B. 梯形

C. 菱形

D. 矩形

4. 如右图所示，已知等边三角形△ABC 的边长为 2，则△ABC 的直观图 $A'B'C'$的面积为________.

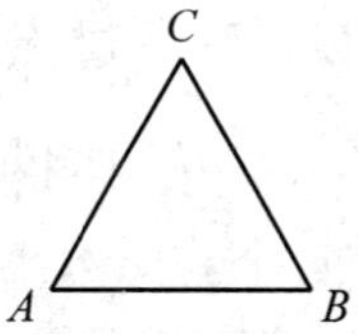

第 4 题图

5. 画出如图所示的水平放置的等腰梯形的直观图.

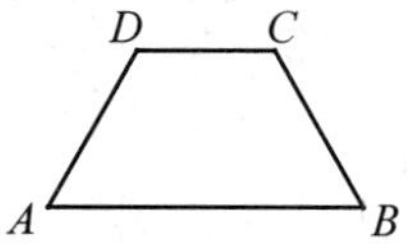

第 5 题图

水平二

1. 用斜二测法画水平放置的$\triangle ABC$时，若$\angle A$的两边平行于x轴、y轴，且$\angle A=90°$，则在直观图中$\angle A'=$(　　).

A. 45°　　　　B. 135°

C. 45°或 135°　　　　D. 90°

2. 如图所示，用斜二测法得到的一个水平放置的平面图形的直观图是直角梯形$A'B'C'D'$，且$\angle A'B'C'=45°$，$A'D'=D'C'=1$，$D'C'\perp B'C'$，则原平面图形的面积为________.

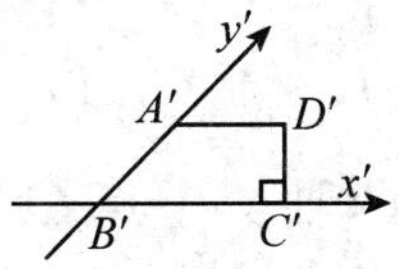

第 2 题图

3. 用斜二测法作出水平放置的正五边形的直观图.

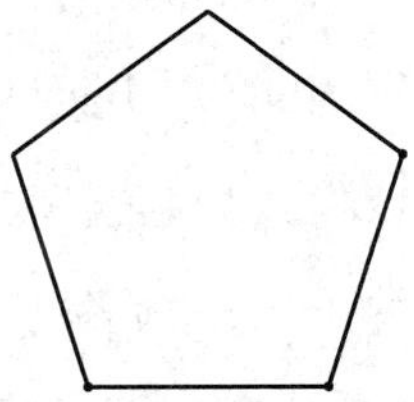
第 3 题图

笔　记

7.2.2　简单几何体的直观图画法

知识要点

简单几何体直观图画法步骤：

(1)画轴．建立空间直角坐标系，画 x 轴、y 轴、z 轴，三轴相交于点 O，使$\angle xOy=45°$，$\angle xOz=90°$(在空间图形中取互相垂直的 x 轴和 y 轴，两轴交于点 O，再取 z 轴，使 x 轴、y 轴和 z 轴两两互相垂直，并使尽量多的顶点落在坐标轴上；三轴相交于点 O，x 轴和 y 轴所确定的平面表示水平面).

(2)画底面．按照水平放置的平面图形的直观图的画法(斜二测法)要求，画出简单几何体的底面的直观图．

(3)确定底面外的其他顶点的位置．

(4)成图．连接各顶点，去掉辅助线，并将被遮挡的部分改为虚线，就得到了简单几何体的直观图．

运用举例

例　用斜二测法画出正四棱锥 P-$ABCD$ 的直观图，其中 $AB=4$ cm，高为 5 cm.

解　(1)画轴．建立空间直角坐标系，画出 x 轴、y 轴、z 轴，三轴相交于点 O，使$\angle xOy=45°$，$\angle xOz=90°$.

(2)画底面．以 O 为顶点，在 x 轴的正半轴上取线段 AB(点 O 与点 A 重合)，使 $AB=4$ cm；在 y 轴的正半轴上取线段 AD，使 $AD=2$ cm. 过点 B 作 y 轴的平行线，过点 D 作 x 轴的平行线，这两条线交于点 C，平行四边形 $ABCD$ 就是正四棱锥 P-$ABCD$ 底面 $ABCD$ 的直观图．(如图 7-7(a)所示)

(3)画顶点．连接 AC，BD，相交于点 P'. 过点 P'作 z 轴的平行线，以 P'为端点在平行线上截取 5 cm 长的线段 PP'，点 P 就是正四棱锥的顶点．(如图 7-7(b)所示)

(4)成图．连接各顶点，得到 PA，PB，PC，PD，去掉辅助线，并将被遮挡的部分改为虚线，就得到了正四棱锥 P-$ABCD$ 的直观图．

直观图如图 7-7(c)所示．

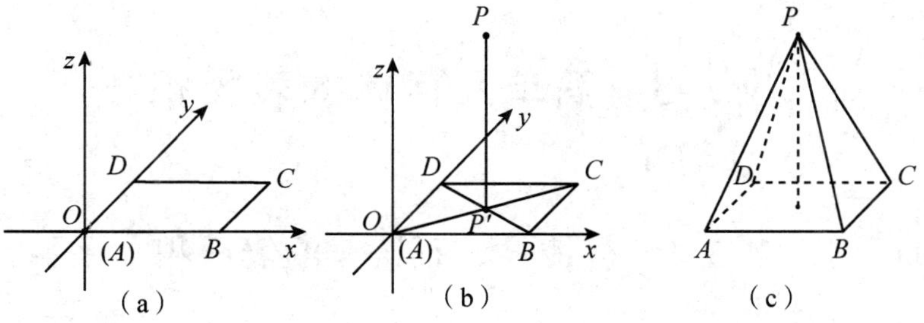

图 7-7

同步训练 7.2.2

改错与反思

水平一

1. 根据斜二测法的规则画简单几何体的直观图时，要确定 x 轴、y 轴、z 轴，则 $\angle xOy$ 与 $\angle xOz$ 的度数分别为(　　).

A. 90°，90°　　　　B. 45°，90°

C. 135°，90°　　　　D. 45°或 135°，90°

2. 已知在正方体 $ABCD\text{-}A'B'C'D'$ 的直观图中 $AA'=3$，则正方体的边长为________.

3. 用斜二测法画出正六棱柱的直观图，其中底面边长为 4 cm，侧棱长为 5 cm.

水平二

1. 用斜二测法画出正五棱锥的直观图，其中底面边长为 4 cm，高为 5 cm.

2. 如图所示，已知几何体的三视图，用斜二测法画出它的直观图.

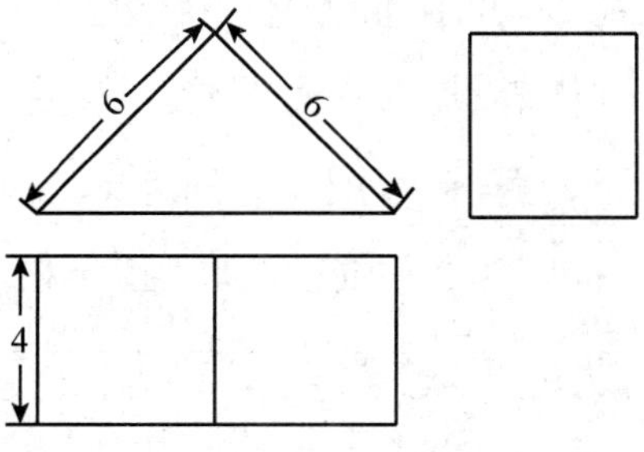

第 2 题图

§7.3　简单几何体的表面积

7.3.1　直棱柱、正棱锥的表面积

知识要点

	直棱柱	正棱锥
侧面展开图	直棱柱的侧面展开图是一个矩形，这个矩形的一边长等于直棱柱的底面多边形的周长，一边长等于直棱柱的高	正棱锥的侧面展开图是多个全等的等腰三角形
图例	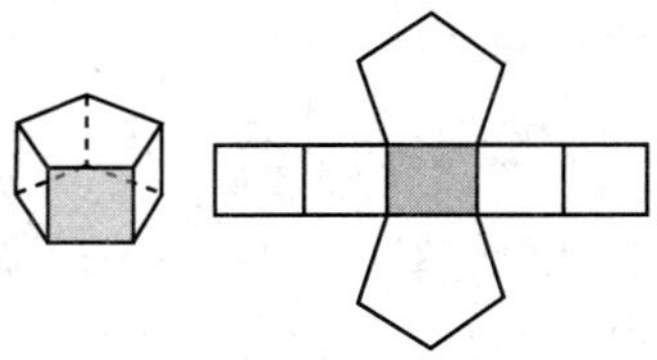	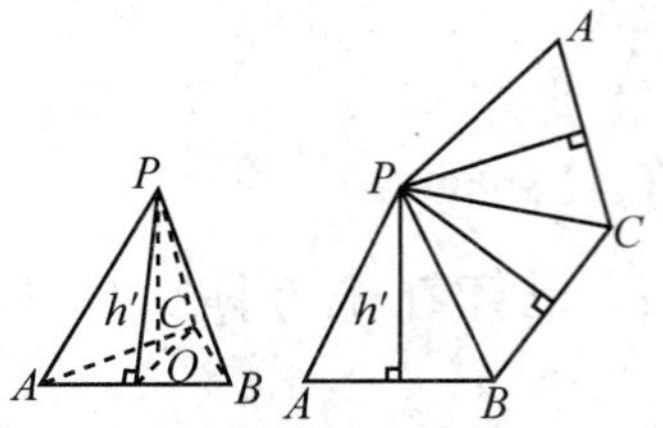
侧面积计算公式	$S_{直棱柱侧}=ch$ （c 底面多边形的周长，h 为直棱柱的高）	$S_{正棱锥侧}=\frac{1}{2}ch'$ （c 表示正棱锥的底面多边形的周长，h'表示正棱锥的斜高）
表面积计算公式	$S_{表面积}=S_{侧}+2S_{底}$ 其中，$S_{侧}$ 表示直棱柱的侧面积，$S_{底}$ 表示直棱柱的一个底面的面积	$S_{表面积}=S_{侧}+S_{底}$ 其中，$S_{侧}$ 表示正棱锥的侧面积，$S_{底}$ 表示正棱锥的底面面积

运用举例

例　在长方体 $ABCD\text{-}A_1B_1C_1D_1$ 中，$AB=3$，$BC=2$，$BB_1=1$，A 点处有一只蚂蚁，它想到 C_1 点去吃食物．问它需要爬行的最短距离是多少？

分析　两点间的连线直线段最短．求蚂蚁从 A 到 C_1 点在长方体表面上爬行的最短距离，需要把长方体转化为平面图形，然后连接 AC_1，求出其长．

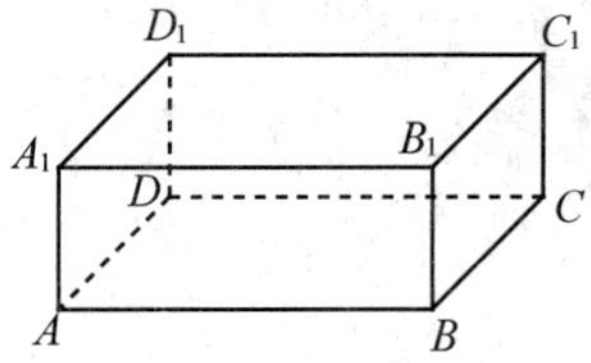

图 7-8

解　如图 7-8 所示，在长方体 $ABCD\text{-}A_1B_1C_1D_1$ 中 $AB=3$，$BC=2$，$BB_1=1$. 依图 7-9(a)展开，$AC_1=\sqrt{AB^2+BC_1{}^2}=\sqrt{3^2+(1+2)^2}=3\sqrt{2}$．依图 7-9(b)展开，$AC_1=\sqrt{AC^2+CC_1{}^2}=\sqrt{(3+2)^2+1^2}=\sqrt{26}$．依图 7-9(c)展开，$AC_1=\sqrt{AB_1{}^2+B_1C_1{}^2}=\sqrt{(3+1)^2+2^2}=$

$2\sqrt{5}$. 三者比较，得蚂蚁由 A 到 C_1 需要爬行的最短距离为 $3\sqrt{2}$.

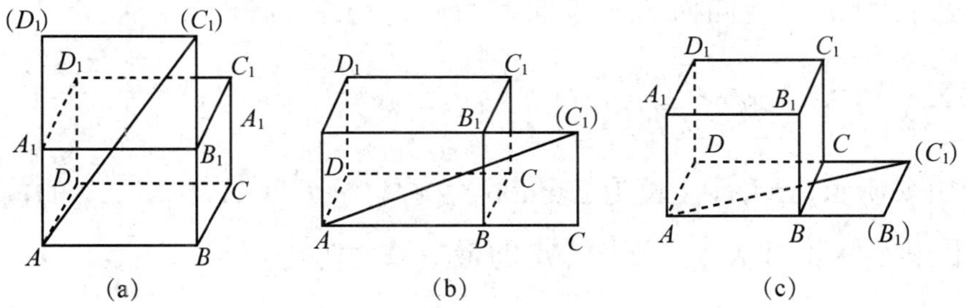

图 7-9

同步训练 7.3.1

改错与反思

水平一

1. 已知某长方体同一顶点上的三条棱长分别为 1，2，3，则该长方体的表面积为(　　).

A. 22　　B. 20　　C. 10　　D. 11

2. 若六棱柱的底面是边长为 3 的正六边形，侧面为矩形，侧棱长为 4，则其侧面积为(　　).

A. 12　　B. 48　　C. 64　　D. 72

3. 在长方体 $ABCD\text{-}A_1B_1C_1D_1$ 中，$AB=BC=2$，$AC_1=3$，则该长方体的表面积为(　　).

A. 4　　B. 8　　C. 12　　D. 16

4. 已知正四棱锥的底面边长为 6，侧棱长为 5，则此正四棱锥的侧面积为(　　).

A. 6　　B. 12　　C. 24　　D. 48

5. 若正四棱锥的底面积为 16 cm^2，侧面一个等腰三角形的面积为 6 cm^2，则该棱锥的侧棱长为________.

6. 已知各棱长为 5，底面为正方形，各侧面均为正三角形的四棱锥 $S\text{-}ABCD$，如图所示，求它的侧面积与表面积.

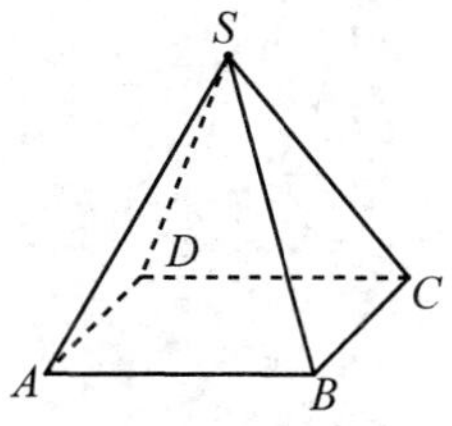

第 6 题图

水平二

1. 边长为 a 的正四面体的表面积为(　　).

A. $\frac{\sqrt{3}}{4}a^3$　　B. $\frac{\sqrt{3}}{12}a^3$　　C. $\frac{\sqrt{3}}{4}a^2$　　D. $\sqrt{3}a^2$

2. 如图所示，M 是棱长为 2 cm 的正方体 $ABCD\text{-}A_1B_1C_1D_1$ 的棱 CC_1 的中点，沿正方体表面从点 A 到点 M 的最短路程为________cm.

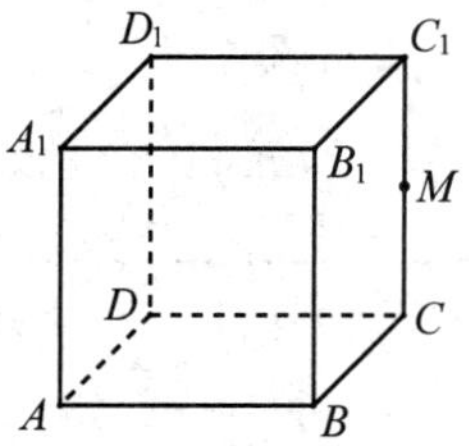

第 2 题图

7.3.2 圆柱、圆锥、球的表面积

笔 记

知识要点

	圆柱	圆锥	球
侧面展开图	圆柱的侧面展开图是一个矩形，一边长等于圆柱底面周长，一边长等于圆柱的母线长	圆锥的侧面展开图是以母线长为半径的一个扇形，扇形的弧长等于圆锥底面的周长	球的表面的展开图不是平面图形
图例	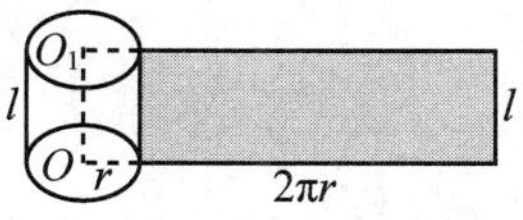	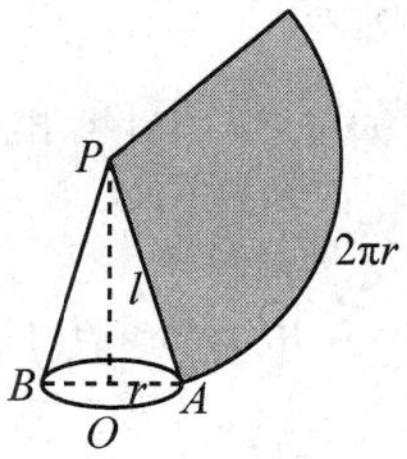	
侧面积计算公式	$S_{圆柱侧}=cl=2\pi r\cdot l$ c 表示圆柱的底面圆的周长，l 表示圆柱的母线，r 表示圆柱的底面圆的半径	$S_{圆锥侧}=\pi r\cdot l$ l 表示圆锥的母线，r 表示圆锥的底面圆的半径	
表面积计算公式	$S_{圆柱表}=S_{侧}+2S_{底}$ $=2\pi r\cdot(l+r)$ 其中，$S_{侧}$ 表示圆柱的侧面积，$S_{底}$ 表示圆柱的底面面积	$S_{圆锥表}=S_{侧}+S_{底}$ $=\pi r(l+r)$ 其中，$S_{侧}$ 表示圆锥的侧面积，$S_{底}$ 表示圆锥的底面面积	$S_{球表面积}=4\pi R^2$ 其中，R 为球的半径

运用举例

例 用一平面去截球所得截面的面积为 2π，已知球心到该截面的距离为 1，求该球的表面积．

分析 求球的表面积需要知道球的半径．根据球的结构特征，可知球的截面是圆面，并且球心与截面圆圆心的连线垂直于截面．因此，球的半径 $R=\sqrt{d^2+r^2}$，其中 d 为球心到截面的距离，r 为所截得的圆面的半径．

解 由截面的面积为 2π，可得截面圆的半径 $r=\sqrt{2}$，所以球的半径 $R=\sqrt{1^2+(\sqrt{2})^2}=\sqrt{3}$，球的表面积为

$$S=4\pi R^2=4\pi\times(\sqrt{3})^2=12\pi.$$

改错与反思

同步训练 7.3.2

水平一

1. 已知圆柱 OO' 的底面半径为 2，母线长为 3，则圆柱的表面积为(　　).

A. 12π　　B. 6π　　C. 20π　　D. 16π

2. 已知圆锥 OO' 的底面半径为 2，母线长为 3，则圆锥的侧面积为(　　).

A. 12π　　B. 6π　　C. 10π　　D. 8π

3. 已知球 O 的半径为 2，则球的表面积为(　　).

A. 4π　　B. 2π　　C. 16π　　D. 8π

4. 以边长为 1 的正方形的一边所在的直线为旋转轴，将该正方形旋转一周，所得圆柱的侧面积为(　　).

A. 2π　　B. π　　C. 2　　D. 1

5. 一个正方体的顶点都在同一个球面上，它的棱长为 2 cm，则该球的表面积是(　　).

A. $8\pi\ \text{cm}^2$　　B. $12\pi\ \text{cm}^2$

C. $16\pi\ \text{cm}^2$　　D. $4\pi\ \text{cm}^2$

6. 已知圆锥的侧面展开图的面积为 2π，且为半圆，则圆锥的底面半径为________.

7. 如图所示，在底面半径为 3，母线长为 5 的圆锥中内接一个高为 2 的圆柱，求圆柱的表面积.

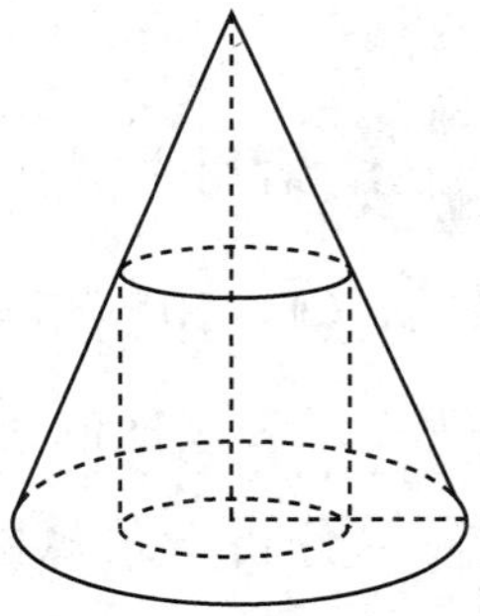

第 7 题图

水平二

1. 如图所示，一几何体的正视图和左视图都是边长为 1 的正方形，俯视图是一个圆，那么这个几何体的侧面积为(　　).

A. $\frac{\pi}{4}$

B. $\frac{5\pi}{4}$

C. π

D. $\frac{3\pi}{2}$

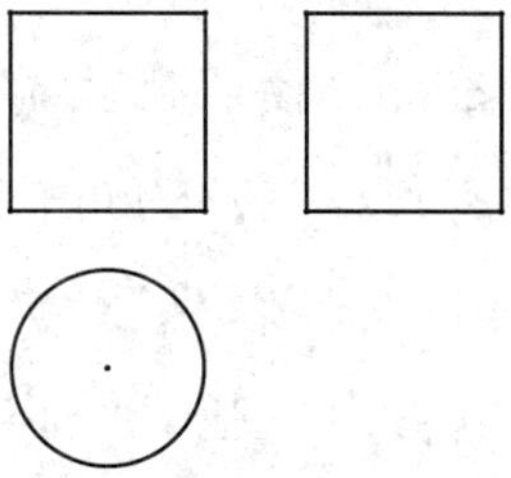

第 1 题图

2. 分别以一个锐角为 30°的直角三角形的最短直角边、较长直角边所在的直线为轴旋转一周，所形成的两个几何体的侧面积之比为________.

3. 如图所示，一圆柱内挖去一个圆锥，圆锥的顶点是圆柱底面的圆心，圆锥的底面是圆柱的另一个底面．圆柱的母线长为 6，底面半径为 2，求该组合体的表面积．

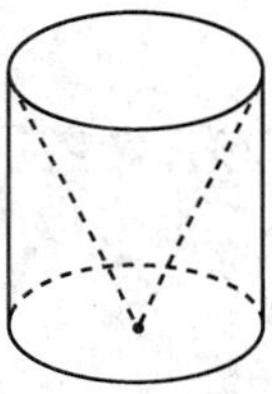

第 3 题图

4. 如图所示的几何体是一棱长为 4 cm 的正方体，若在其中一个面的中心位置上，挖一个直径为 2 cm、深为 1 cm 的圆柱形的洞，求挖洞后几何体的表面积是多少？

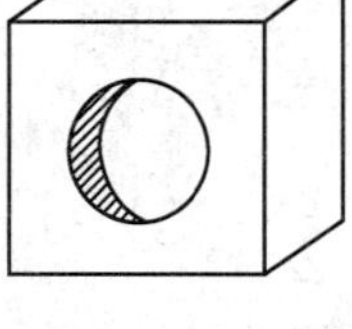

第 4 题图

数学窗

圆柱容球的故事

古希腊著名的数学家阿基米德是历史上杰出的数学家之一．按照他生前的遗愿，人们在他的墓碑上刻了一个“圆柱容球”的几何图形．为什么阿基米德希望在自己的墓碑上刻“圆柱容球”的几何图形呢？这是因为在他众多的科学发现当中，他对“圆柱容球定理”最为满意．

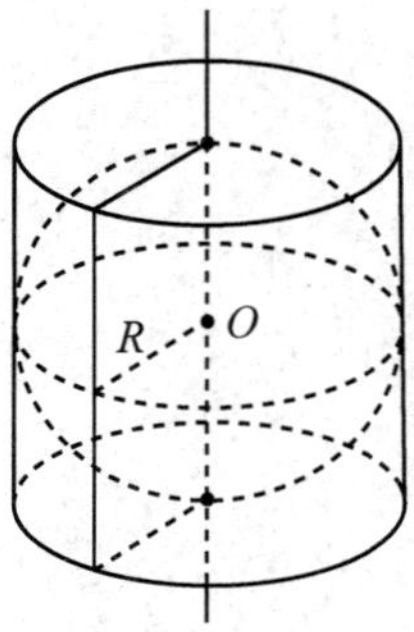

如右图所示，“圆柱容球”就是把一个球放在一个圆柱形容器中，盖上容器上盖后，球恰好与圆柱的上、下底面及侧面相切．

当“圆柱容球”时，球的直径与圆柱的高和底面直径相等．假设圆柱的底面半径为 R，那么圆柱的体积 $V_{柱}=\pi R^2\cdot 2R=2\pi R^3$，球的体积 $V_{球}=\frac{4}{3}\pi\cdot R^3$，即当“圆柱容球”时，阿基米德发现，球的体积正好是圆柱的体积的三分之二．

阿基米德还发现，当“圆柱容球”时，圆柱的表面积 $S_{柱}=S_{侧}+2S_{底}=2\pi R\cdot 2R+2\pi R^2=6\pi R^2$，球的表面积 $S_{球}=4\pi R^2$，即球的表面积也是圆柱的表面积的三分之二．

§7.4　简单几何体的体积

7.4.1　柱体、锥体的体积

笔　记

知识要点

	柱体(棱柱、圆柱)	锥体(棱锥、圆锥)
体积计算公式	$V_{柱体}=Sh$ (S 为底面面积，h 为高)	$V_{锥体}=\frac{1}{3}Sh$ (S 为底面面积，h 为高)

运用举例

例 1　若正方体的表面积变为原来的 2 倍，那么它的体积变为原来的(　　).

A. 2 倍　　B. 4 倍　　C. $\sqrt{2}$倍　　D. $2\sqrt{2}$倍

分析　假设正方体的边长为 a，则其表面积为 $6a^2$，体积为 a^3. 现表面积变为原来的 2 倍，即 $12a^2=6\times2a^2=6\times(\sqrt{2}a)^2$，实际上是正方体的边长变为原来的$\sqrt{2}$倍. 因此，体积为$(\sqrt{2}a)^3=2\sqrt{2}a^3$，即体积变为原来的 $2\sqrt{2}$倍. 故选 D.

答案：D.

例 2　一圆锥的轴截面是等边三角形，已知母线为 $2\sqrt{3}$，则圆锥的体积为(　　).

A. 2π　　B. 3π　　C. 9π　　D. $\sqrt{3}\pi$

分析　由题意可知圆锥的轴截面是等边三角形，则圆锥的底面直径为 $2\sqrt{3}$，半径为$\sqrt{3}$，根据勾股定理计算，可得圆锥的高为 $h=\sqrt{(2\sqrt{3})^2-(\sqrt{3})^2}=3$.

则 $V_{圆锥}=\frac{1}{3}Sh=\frac{1}{3}\times\pi\times(\sqrt{3})^2\times3=3\pi$.

答案：B.

改错与反思

同步训练 7.4.1

水平一

1. 已知正方体 $ABCD\text{-}A_1B_1C_1D_1$ 的边长为 a，则其体积为(　　).

A. $4a^2$　　B. $6a^2$　　C. a^3　　D. $8a^3$

2. 已知圆柱 OO' 的底面半径为 2，母线长为 3，则圆柱的体积为(　　).

A. 12π　　B. 6π　　C. 20π　　D. 16π

3. 长方体一个底面及两个侧面的面积分别为 2 cm^2，3 cm^2，4 cm^2，则它的体积为(　　).

A. $2\sqrt{6}$ cm^3　　B. $3\sqrt{6}$ cm^3

C. $6\sqrt{2}$ cm^3　　D. $6\sqrt{3}$ cm^3

4. 正三棱锥底面三角形的边长为$\sqrt{3}$，高为 $3\sqrt{3}$，则其体积为(　　).

A. $\frac{1}{4}$　　B. $\frac{1}{2}$　　C. $\frac{3}{4}$　　D. $\frac{9}{4}$

5. 已知圆锥 OO' 的底面半径为 2，母线长为$\sqrt{13}$，则圆锥的体积为(　　).

A. 12π　　B. 6π　　C. 13π　　D. 4π

6. 如图所示，一个几何体的正视图、左视图、俯视图是全等的等腰直角三角形．如果这些直角三角形的直角边长均为 1，那么这个几何体的体积为(　　).

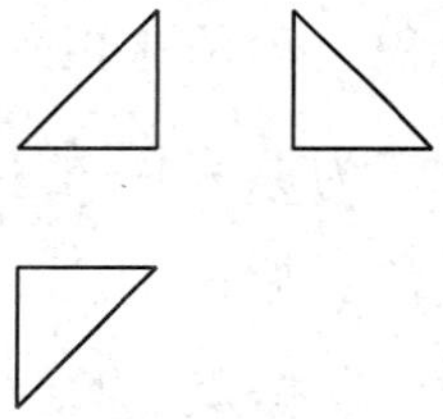

第 6 题图

A. $\frac{1}{6}$　　B. $\frac{1}{2}$

C. $\frac{1}{3}$　　D. 1

7. 已知正方体的表面积是 18 cm^2，求这个正方体的体积．

8. 已知正四棱柱的底面边长为 4 cm，高为 5 cm，求它的体积．

9. 已知正六棱柱的底面边长为 10 cm，高为 15 cm，求它的体积．

水平二

1. 一个长方体同一个顶点的三个面的面积分别是$\sqrt{2}$，$\sqrt{3}$，$\sqrt{6}$，则这个长方体的体积为（　　）．

A. $2\sqrt{3}$　　B. $3\sqrt{3}$　　C. 6　　D. $\sqrt{6}$

2. 分别以一个锐角为 30°的直角三角形的最短直角边、较长直角边、斜边所在的直线为轴旋转一周，所形成的三个几何体的体积之比为________．

3. 若某多面体的三视图(单位：cm)如图所示，求这个多面体的体积．

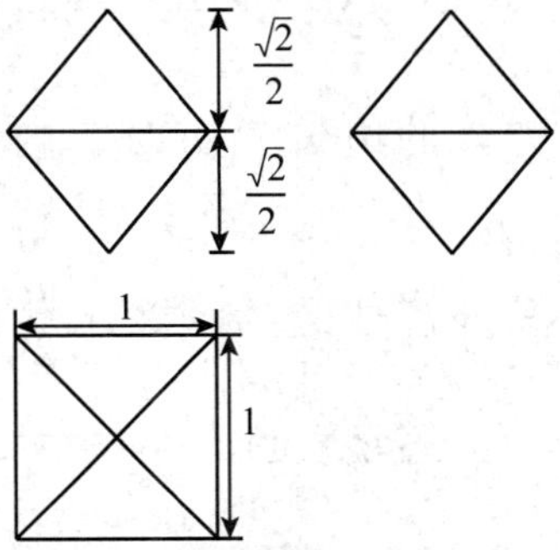

第 3 题图

7.4.2　球的体积

笔　记

知识要点

球的体积计算公式：$V_{球体}=\frac{4}{3}\pi R^3$($R$ 为球的半径).

运用举例

例　正方体的内切球和外接球的半径之比为(　　).

A. $\sqrt{3}:1$　　B. $\sqrt{3}:2$　　C. $2:\sqrt{3}$　　D. $1:\sqrt{3}$

分析　正方体的内切球是指球恰好全部在正方体内部，且与正方体的各面相切，此时球的直径即正方体的边长；正方体的外接球则是指正方体的所有顶点都在球面上，此时球的直径为正方体的体对角线长．因此，当正方体的边长为 a 时，内切球的半径为$\frac{a}{2}$，外接球的半径为$\frac{\sqrt{3}a}{2}$. 所以内切球和外接球的半径之比$\frac{a}{2}:\frac{\sqrt{3}a}{2}=1:\sqrt{3}$，故选 D.

答案：D.

改错与反思

同步训练 7.4.2

水平一

1. 已知球 O 的半径为 3，则球 O 的体积为(　　).

A. 12π　　B. 36π　　C. 48π　　D. 72π

2. 已知球 O 的直径为 3，则球 O 的体积为(　　).

A. 12π　　B. 9π　　C. $\frac{9}{4}\pi$　　D. $\frac{9}{2}\pi$

3. 已知球的表面积为 16π，则球的体积为(　　).

A. $\frac{8}{3}\pi$　　B. $\frac{32}{3}\pi$　　C. $\frac{16}{3}\pi$　　D. 64π

4. 已知平面截球所得的圆面半径为 1，球心到截面的距离为$\sqrt{2}$，则体积为(　　).

A. $4\sqrt{3}\pi$　　B. $6\sqrt{3}\pi$　　C. $\sqrt{6}\pi$　　D. $4\sqrt{6}\pi$

5. 若球的体积与球的表面积数值相等，则球的半径为（　　）.

A. 0.5　　B. 1　　C. 2　　D. 3

6. 设正方体的表面积为 24，一个球内切于该正方体，则这个球的体积为（　　）.

A. $\sqrt{6}\pi$　　B. $\frac{32}{3}\pi$　　C. $\frac{8}{3}\pi$　　D. $\frac{4}{3}\pi$

7. 已知正方体外接球的体积为$\frac{32}{3}\pi$，则正方体的棱长为（　　）.

A. $2\sqrt{2}$　　B. $\frac{2\sqrt{3}}{3}$　　C. $\frac{4\sqrt{2}}{3}$　　D. $\frac{4\sqrt{3}}{3}$

水平二

1. 若一个圆柱和一个圆锥的底面直径及高都与球的直径相等，则下列结论正确的是（　　）.

A. 圆柱的体积是圆锥的体积的 2 倍，是球的体积的 3 倍

B. 圆柱的体积是圆锥的体积的 3 倍，球的体积是圆锥的体积的 2 倍

C. 圆锥的体积是圆柱的体积的 2 倍，球的体积是圆锥的体积的 3 倍

D. 圆柱的体积是圆锥的体积的 3 倍，圆锥的体积是球的体积的 2 倍

2. 如图所示是一个几何体的三视图，根据图中数据，可得该几何体体积为（　　）.

A. $\frac{8}{3}\pi$

B. 4π

C. $\frac{16}{3}\pi$

D. $\frac{32}{3}\pi$

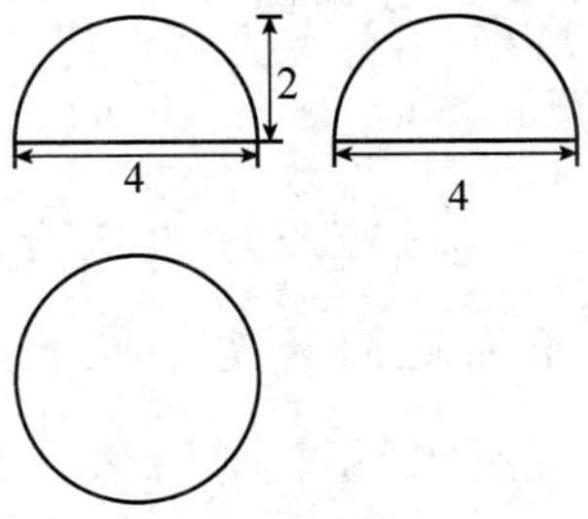

第 2 题图

3. 圆柱形容器的内壁底面半径为 5 cm，两个直径为 5 cm 的玻璃小球都浸没于容器中的水中，若取出这两个小球，则容器的水面将下降多少？

4. 一个由半球和四棱锥组成的几何体，其三视图如图所示．则该几何体的体积为________．

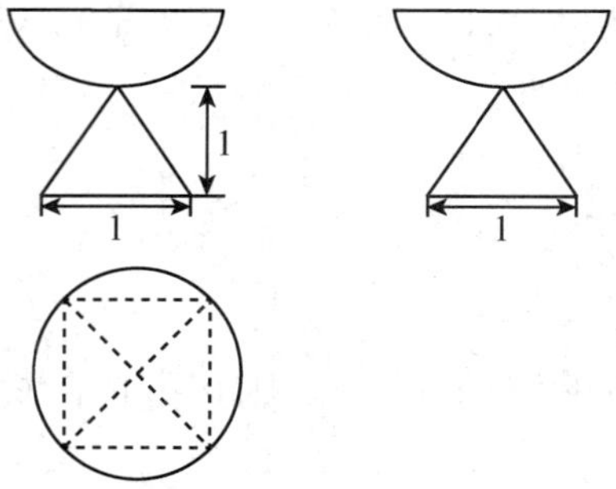

第 4 题图

5. 某几何体的三视图如图所示(单位：cm)，则该几何体的体积是________．

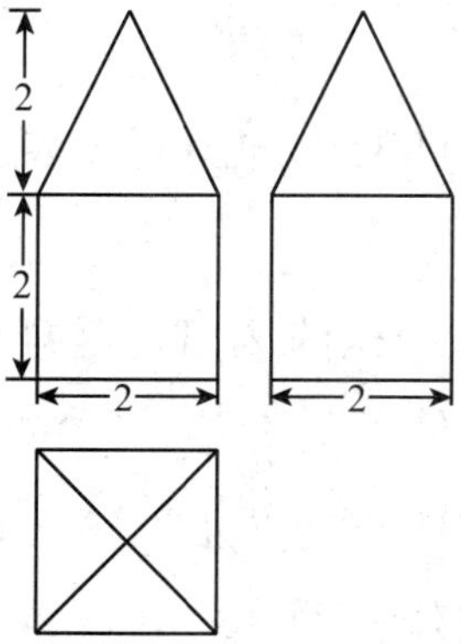

第 5 题图

数学窗

祖暅原理

祖暅原理又称为祖氏原理，用现代数学语言可表示为：夹在两个平行平面之间的两个几何体，被平行于这两个平行平面的任何平面所截，如果截得的两个平面的面积总相等，那么这两个几何体的体积相等．魏晋时期的数学家刘徽在为我国古代数学名著《九章算术》作注时发现，书中球的体积公式是错误的，他虽然提出了“牟合方盖”的理论，但是没有从根本上解决问题．几百年后，祖冲之的儿子祖暅沿用了刘徽的思想，得到了我们现在所说的祖暅原理，即“缘幂势既同，则积不容异”，这比 17 世纪意大利数学家卡瓦列里的发现要早一千多年．

第八单元 · 概率与统计

§8.1 随机事件与概率

笔 记

知识要点

1. 随机事件、必然事件和不可能事件．

可重复进行的、结果有多种且具体结果不可预知的试验称为随机试验，简称试验．随机试验的结果称为随机事件，简称事件．

我们把每次试验中必然会发生的事件叫作必然事件，每次试验中都不可能会发生的事件叫作不可能事件.

2. 事件的频率和概率的定义．

在相同的条件下进行 n 次试验，如果事件 A 发生了 m 次，则称 m 为事件 A 发生的频数，我们称比值$\frac{m}{n}$为事件 A 发生的频率．

在相同条件下，大量重复地进行同一试验时，随着试验次数的增加，事件 A 发生的频率总是在一个常数附近摆动，即事件 A 发生的频率呈现出稳定性，我们就把这个常数叫作事件 A 发生的概率，记作 $P(A)$.

运用举例

例 1　给出以下四个事件，请指出其中的随机事件．

①某地 12 月 12 日下雨；

②某人射击一次“中靶”；

③导体通电时“发热”；

④走到十字路口，刚好看到红灯亮；

⑤在常温下“焊锡熔化”.

分析　由于导体通电时一定“发热”，所以③是必然事件，不选. 某地12 月 12 日可能下雨也可能不下雨；射击时可能“中靶”，也可能不“中靶”；走到十字路口，可能看到红灯亮，也可能看不到红灯亮 . 所以①②④是随机事件 . 在常温下不可能出现“焊锡熔化”现象，所以⑤是不可能事件，不选 .

答案　①②④是随机事件 .

例 2　某人在做抛硬币试验时，投掷 n 次，正面朝上有 m 次 $\left(\text{正面朝上的频率是 } P=\dfrac{m}{n}\right)$，则下列说法中正确的是(　　).

A. P 一定等于$\dfrac{1}{2}$

B. P 一定不等于$\dfrac{1}{2}$

C. 多投一次，P 更接近于$\dfrac{1}{2}$

D. 投掷次数逐渐增加，P 稳定在$\dfrac{1}{2}$附近

分析　硬币只有正面和反面，投掷时正面朝上的概率是$\dfrac{1}{2}$，根据频率的概念可知投掷次数逐渐增加，P 稳定在$\dfrac{1}{2}$附近 .

答案：D.

改错与反思

同步训练 8.1

水平一

1. 以下现象是随机事件的是(　　).

A. 标准大气压下，水加热到 100 ℃，必会沸腾

B. 打开电视，正在播放广告

C. 长和宽分别为 a，b 的矩形，其面积为 $a \cdot b$

D. 导体通电后发热

2. 一名学生打篮球的技术非常好，他连续投篮三次，全部投进是____事件 .

3. 连续记录某超市中的某种商品一周内的破损情况，结果如下表所示 .

时间	星期一	星期二	星期三	星期四	星期五	星期六	星期日
商品总数 n	25	26	21	24	23	24	26
破损数 m	2	3	2	3	2	3	2
破损频率 $\frac{m}{n}$							

求(1)这周该商品的破损频率是多少(精确到 0.001)?

(2)这周该商品的破损概率是多少(精确到 0.001)?

4. 下表是某种油菜籽在相同条件下的发芽试验结果表.

每批粒数 n	2	5	10	70	130	310	700	1 500	2 000	3 000
发芽的粒数 m	2	4	9	60	116	282	639	1 339	1 806	2 715
发芽的频率 $\frac{m}{n}$	1	0.8	0.9	0.875	0.892	0.910	0.913	0.893	0.903	0.905

则估计油菜籽发芽的概率为____.(精确到 0.1)

水平二

1. 有 3 个形状、大小相同的乒乓球,上面分别标有 1,2,3 这 3 个号码,从中任取一个乒乓球,写出下列各事件的名称.

记 A_1={取得号码为 1},

A_2=________,

A_3=________.

A_1,A_2,A_3 都是________事件.

2. 从一批准备出厂的电视机中随机抽取 10 台进行质检,其中有一台是次品,能否说这批电视机出现次品的概率为 0.1?

§8.2　古典概型

笔　记

知识要点

1. 古典概型.

我们把具有有限性和等可能性两个特征的试验称为古典概型试验，其数学模型称为古典概率模型，简称古典概型.

(1) 有限性：在一次试验中，可能出现的结果只有有限个，即基本事件的总数是有限的.

(2) 等可能性：每个基本事件发生的可能性是相等的.

2. 事件发生的概率.

一般地，对于古典概型，我们用某一事件所包含的基本事件的个数与全部基本事件总数的比，来表示该事件发生的概率. 如果基本事件总数为 n，而事件 A 包含 m 个基本事件，则事件 A 发生的概率为

$$P(A)=\frac{m}{n}=\frac{\text{事件 }A\text{ 包含的基本事件数}}{\text{基本事件总数}}\ (m\leqslant n).$$

运用举例

例 1　在同时抛两枚质地均匀的硬币的试验中，基本事件有哪些?

分析　基本事件是指一次试验中可能出现的每一个基本结果. 我们可以用列举法把所有可能出现的结果都列出来. 同时抛两枚质地均匀的硬币，会出现正正、正反、反正、反反四种情况. 故基本事件有 4 个：正正、正反、反正、反反.

答案：正正、正反、反正、反反.

例 2　在英语句子"Wish you success"中任选一个字母，这个字母为"s"的概率是(　　).

A. $\frac{1}{4}$　　B. $\frac{4}{11}$　　C. $\frac{2}{7}$　　D. $\frac{3}{7}$

分析　任选一个字母共有 14 种情况，其中选字母"s"的情况有 4 种，故选 C.

答案：C.

例 3　在国庆节期间，商场为了促销，组织摸奖活动，摸奖箱中有大小

均匀的编号为 1，2，3 的红球和编号为 4，5 的蓝球．游戏规则：要求一次摸两球．

(1)共设计了两个方案．方案一：摸到两个蓝球．方案二：摸到一红一蓝且号码和为偶数的两个球．根据这两个方案，商场应如何设置一等奖和二等奖？

(2)顾客不中奖的概率是多少？

解　(1)一次摸两个球，基本事件共 10 个：(1，2)，(1，3)，(1，4)，(1，5)，(2，3)，(2，4)，(2，5)，(3，4)，(3，5)，(4，5)．分别记方案一与方案二为事件 A、事件 B．

事件 A 包含 1 个基本事件：(4，5)．

事件 B 包含 3 个基本事件：(1，5)，(2，4)，(3，5)．

则 $P(A)=\frac{1}{10}$，$P(B)=\frac{3}{10}$.

所以，应该将方案一设为一等奖，方案二设为二等奖．

(2)记不中奖为事件 C.

解法一：事件 C 包含 6 个基本事件：(1，2)，(1，3)，(1，4)，(2，3)，(2，5)，(3，4)．则 $P(C)=\frac{3}{5}$.

解法二：$P(C)=1-(P(A)+P(B))=\frac{3}{5}$.

同步训练 8.2

改错与反思

水平一

1. 10 件产品中有两件次品，现从中任取 1 件，则取到次品的概率为(　　).

A. $\frac{1}{2}$　　B. $\frac{1}{10}$

C. $\frac{1}{5}$　　D. $\frac{1}{12}$

2. 口袋内装有大小相等的 1 个白球和已编有不同号码的 3 个黑球，从中摸出 1 个球，是黑球的概率为(　　).

A. $\frac{1}{3}$　　B. $\frac{1}{4}$

C. $\frac{3}{4}$　　D. $\frac{1}{6}$

3. 从-2，-1，1，2，3 中任取一个数，则这个数为正数的概率为(　　).

A. $\frac{1}{5}$　　B. $\frac{3}{5}$　　C. $\frac{2}{5}$　　D. $\frac{5}{2}$

4. 在石头、剪子、布的游戏中，两个人做同样手势的概率为(　　).

A. $\frac{3}{5}$　　B. $\frac{1}{9}$　　C. $\frac{1}{3}$　　D. $\frac{2}{9}$

5. 某中职学校会计班其班级学号的前 8 位对应的学生中有 6 名女生，现在从这 8 名同学中随机抽取一名同学，则抽到男生的概率为________.

6. 某电视台综艺节目接到热线电话 400 个，现从中抽取“幸运观众”4 名，小慧打通了一次热线电话，那么她成为“幸运观众”的概率为________.

7. 掷一枚质地均匀的骰子，观察点数.

(1)列出试验的所有基本事件；

(2)“点数是偶数”这一事件包含哪几个基本事件？

水平二

1. 某位同学的银行卡密码为 6 位数字，他忘记了最后一位数字，请问他第一次取款就按对密码的概率为(　　).

A. $\frac{1}{6}$　　B. $\frac{1}{10}$　　C. $\frac{1}{10^6}$　　D. $\frac{5}{6}$

2. 一枚硬币连续抛掷 3 次，恰好有两次正面朝上的概率为(　　).

A. $\frac{1}{8}$　　B. $\frac{1}{4}$

C. $\frac{3}{8}$　　D. $\frac{1}{2}$

3. 从 3 名男生和若干名女生中选出 1 名同学去参加学校组织的演讲比赛，选出的同学是女生的概率为$\frac{2}{3}$，则女生有________名.

4. 五一假期将至，某广场举行抽奖活动，要求用一副扑克牌设计一种“抽奖”游戏，使得一等奖的中奖概率为$\frac{1}{27}$，二等奖的中奖概率为$\frac{2}{27}$，三等奖的中奖概率为$\frac{1}{9}$，请你为他们设计一个方案吧.

数学窗

赌博问题

1713 年，雅可布的著作《猜度术》出版. 遗憾的是，在他的大作问世之时，雅可布已谢世 8 年之久. 雅可布的侄子尼古拉·伯努利真正地参与了“赌博”. 他提出了著名的“圣彼得堡问题”：甲、乙两人赌博，甲掷一枚硬币到掷出正面为一局. 若甲掷一次出现正面，则乙付给甲一个卢布；若甲第一次掷得反面，第二次掷得正面，乙付给甲 2 个卢布；若甲前两次掷得反面，第三次掷得正面，乙付给甲 2^2 个卢布. 一般地，若甲前 $n-1$ 次掷得反面，第 n 次掷得正面，则乙需付给甲 2^{n-1} 个卢布. 问在赌博开始前甲应付给乙多少卢布才有权参加赌博而不致乙方亏损？尼古拉同时代的许多数学家研究了这个问题，并给出了一些不同的解法. 但其结果是很奇特的，所付的款数竟为无限大，即不管甲事先拿出多少钱给乙，只要赌博不断地进行，乙肯定是要赔钱的.

——部分内容摘自《世界大发现 数学·物理卷》，作者为张雄、王较过，未来出版社 1999 年出版.

§8.3　概率的简单性质

笔　记

知识要点

1. 互斥事件与对立事件．

(1)互斥事件：在一次试验中不可能同时发生的两个事件．

(2)对立事件：在一次试验中必有一个发生的互斥事件．

2.“事件 A 和事件 B 至少有一个发生”的事件称为事件 A 和 B 的和，记作 $A+B$.

3. 互斥事件的概率加法公式：如果 A，B 是互斥事件，则事件 $A+B$ 发生概率为 $P(A+B)=P(A)+P(B)$.

特别地，如果事件 A 与事件 B 是对立事件，则事件 A 发生的概率为 $P(A)=1-P(B)$.

4. 如果事件 A_1，A_2，…，A_n 两两互斥，则 $P(A_1+A_2+\cdots+A_n)=P(A_1)+P(A_2)+\cdots+P(A_n)$.

运用举例

例 1　一个射手进行一次射击，试判断下列事件哪些是互斥事件，哪些是对立事件．

事件 A：命中环数大于 7 环．

事件 B：命中环数为 10 环．

事件 C：命中环数小于 6 环．

事件 D：命中环数为 6，7，8，9，10 环．

分析　要判断所给事件是对立事件还是互斥事件，首先要将两个概念的联系与区别弄清楚，互斥事件是指不可能同时发生的两个事件，而对立事件是建立在互斥事件的基础上的，两个事件中一个不发生，一个发生．

答案： 事件 A 与事件 C 为互斥事件(不可能同时发生)，事件 B 与事件 C 为互斥事件，事件 C 与事件 D 为互斥事件，事件 C 与事件 D 为对立事件．

例 2　如果从不包括大王、小王的 52 张扑克牌中随机抽取 1 张，那么取到红心(事件 A)的概率为 $\frac{1}{4}$，取到方块(事件 B)的概率为 $\frac{1}{4}$，则(1)取到红色牌(事件 C)的概率为多少?(2)取到黑色牌(事件 D)的概率为多少?

解 (1)因为事件 $C=A\cup B$,且事件 A 与事件 B 不会同时发生,所以事件 A 与事件 B 为互斥事件,根据概率的加法公式得 $P(C)=P(A)+P(B)=\frac{1}{2}$;

(2)事件 C 与事件 D 也是互斥事件,又由于 $C\cup D$ 为必然事件,所以事件 C 与事件 D 为对立事件,所以 $P(D)=1-P(C)=\frac{1}{2}$.

同步训练 8.3

改错与反思

水平一

1. 某人在打靶中,连续射击 2 次,事件"至少有一次中靶"的互斥事件是( ).

A. 至多有一次中靶 B. 两次都中靶

C. 两次都不中靶 D. 只有一次中靶

2. 甲、乙两人下棋,甲获胜的概率为 30%,两人下成和棋的概率为 50%,那么甲不输的概率为( ).

A. 20% B. 50% C. 30% D. 80%

3. 在人人有奖的抽奖活动中,共有 100 张奖券放在抽奖箱中,其中三等奖有 75 张,二等奖有 20 张,一等奖有 5 张,你第一个去抽,抽得二等奖或一等奖的概率为( ).

A. $\frac{1}{2}$ B. $\frac{1}{10}$ C. $\frac{1}{4}$ D. $\frac{1}{12}$

4. 袋中有 12 个小球,分别为红球、黑球、黄球、绿球,从中任取一球,得到红球的概率为$\frac{1}{3}$,得到黑球或者黄球的概率为$\frac{5}{12}$,得到黄球或绿球的概率也为$\frac{5}{12}$,则得到黄球概率为( ).

A. $\frac{5}{12}$ B. $\frac{3}{12}$ C. $\frac{1}{6}$ D. $\frac{1}{12}$

5. 某中职学校派出甲、乙两支球队参加区里的足球冠军赛,甲、乙两队夺取冠军的概率分别是$\frac{3}{7}$和$\frac{1}{4}$. 则该校足球队夺得全区足球冠军的概率________.

6. 抛掷一枚骰子，观察掷出的点数，设事件 A 为“出现奇数点”，事件 B 为“出现偶数点”，已知 $P(A)=\frac{1}{2}$，$P(B)=\frac{1}{2}$，求出“出现奇数点或偶数点”的概率．

7. 某射手在一次射击训练中，射中 10 环、9 环、8 环、7 环的概率分别为 0.21，0.23，0.25，0.28，计算这个射手在一次射击中：

(1)射中 10 环或 7 环的概率；

(2)射中的环数不够 7 环的概率．

水平二

设 A、B 是两个互斥事件，它们都不发生的概率为 $\frac{2}{5}$，且 $P(A)=2P(B)$，求 $P(\bar{A})$.

数学窗

三个臭皮匠，抵个诸葛亮

“三个臭皮匠，抵个诸葛亮”，我们知道，诸葛亮足智多谋，运筹帷幄，决胜千里．某一问题能够被诸葛亮解决似乎是必然的．那“三个臭皮匠，抵个诸葛亮”能否从数学上得到证明呢？假如，有三个臭皮匠，他们三个人能贡献正确意见的概率分别为 0.4，0.45，0.5，那么，他们三个人中至少有一个能贡献正确意见的概率是多少？我们用反面证明的方法，三个人都不能贡献正确意见的概率为 $P=(1-0.4)(1-0.45)(1-0.5)=0.165$. 所以三个人中至少有一个人能贡献正确意见的概率为 $1-0.165=0.835$. 显然，他们每个人能贡献正确意见的概率不高，但三个人在一起的话，能贡献正确意见的概率就高了．正所谓“三个臭皮匠，抵个诸葛亮”.

§8.4 抽样方法

8.4.1 总体的概念

笔 记

知识要点

1. 总体、样本．

在统计学中，把所研究的数值指标取值的全体称为总体．

总体中每一研究对象的数量指标取值叫作个体．

2. 样本、样本容量．

从总体中抽取一部分个体的过程叫作抽样，被抽取的部分个体叫作总体的一个样本，样本所含个体的个数叫作样本容量．

运用举例

例 为了解某市中职学校一年级学生的身高情况，从一些中职学校的一年级学生中随机抽取 300 名学生测量身高，然后根据这部分学生的身高去估计该市所有中职学校一年级学生的平均身高．请指出其中的总体、个体、样本与样本容量．

分析 总体、个体、样本及样本容量这四个概念之间有内在联系，总体是考察对象的全体，个体是总体中每个考察对象，样本由总体中抽取的一部分个体组成，样本容量是指某个样本中个体的数目．(注意：样本容量不需要带单位．)

答案： 该市所有中职学校一年级学生的身高数据是总体，每名学生的身高数据是个体，被抽取的 300 名学生的身高数据是样本，样本容量是 300.

同步训练 8.4.1

改错与反思

水平一

1. 从全班 45 名学生中抽取 5 名学生进行体能测试，下列说法正确的是(　　).

A. 总体是 45　　B. 个体是每个学生

C. 样本是 5 名学生　　D. 样本容量是 5

2. 我校调查一年级学生的体重情况，随机抽取 100 个一年级学生进行称重，这 100 个学生的体重是(　　).

A. 总体　　B. 个体　　C. 样本　　D. 样本容量

3. 要了解某种产品的质量，随机抽取 200 个产品进行检验，在这个问题中，该产品的质量叫作(　　).

A. 总体　　B. 个体　　C. 样本　　D. 样本容量

4. 某地区要考察 8 岁儿童的身高状况，随机抽取 500 名儿童测试身高，其中样本容量为__________.

5. 从一个地区随机抽取 20 名老人测量血压，测得血压(舒张压)如下．(单位：mmHg)

75　73　80　88　75　71　99　102　89　76　77　86　74　81　71　98　76　103　79　84

其中的总体为______________.

个体为__________________.

样本为__________________.

样本容量为________________.

6. 为了了解某种产品的次品率，从中抽查了 1 000 件产品检查其质量(合格、不合格)，请说明总体、个体、样本与样本容量．

水平二

从个体数为 N 的总体中抽出一个样本容量是 20 的样本，每个个体被抽到的概率是 $\frac{1}{5}$，则 N 的值是(　　).

A. 20　　B. 40　　C. 80　　D. 100

8.4.2　简单随机抽样

笔　记

知识要点

从个体数为 N 的总体中逐个不放回地抽取 n 个个体作为样本($n<N$)，每次抽取时总体内各个个体被抽到的概率相同，这样的抽样方法称为简单随机抽样．抽签法和随机数表法都是简单随机抽样.

抽签法，也叫抓阄法，是我们生活中最熟悉的一种抽样方法．它的步骤是：

①先将总体中的所有个体(共有 N 个)编号，号码可以从 $1\sim N$；

②把号码写在形状、大小相同的号签上(号签可以用纸条、卡片、小球等制作)；

③将号签放在同一容器里搅拌均匀；

④抽签时，每次从中抽出一个号签，不放回，抽取后再将剩余的搅拌均匀，连续抽取 n 次，这样就得到一个容量为 n 的样本．

使用随机数表抽样的步骤如下．

①将总体中的所有个体编号；

②根据问题的需要，在随机数表中任意选取几列(行)，选取的列(行)数与个体编号的位数相同，每列(行)各选一个数，合起来作为开始的号码；

③从这个号码数字开始，沿选取的列(行)向上或向下(向左或向右)继续选取数字组成号码，并删除不合格的号码，且重复的号码只保留一个，直到选够号码为止；

④按所得的号码抽取样本．

运用举例

例　现有 30 个零件，需从中抽取 10 个进行检查．如何利用抽签法得到一个容量为 10 的样本？

答案：(1)将这 30 个零件编号：01，02，…，30.

(2)将这 30 个号码分别写在形状、大小相同的号签上(号签可以用小球、卡片、纸条等制作).

(3)将这 30 个号签放在同一个不透明的箱子里，搅拌均匀．

(4)从箱子里依次抽取 10 个号签，并记录上面的编号(每次抽取后再将剩余的搅拌均匀).

(5)所得号码对应的零件组成样本．

改错与反思

同步训练 8.4.2

水平一

1. 下列抽样实验中，适合用抽签法的有(　　).

A. 从某厂生产的 3 000 件产品中抽取 600 件进行质量检验

B. 从某厂生产的两箱(每箱 15 件)产品中抽取 6 件进行质量检验

C. 从甲、乙两厂生产的两箱(每箱 15 件)产品中抽取 6 件进行质量检验

D. 从某厂生产的 3 000 件产品中抽取 10 件进行质量检验

2. 在元旦晚会上，现场的一个游戏要求从观众中选出 5 人参与，下列抽样方法最合适的是(　　).

A. 分层抽样　　B. 抽签法　　C. 随机数表法　　D. 系统抽样

3. 用随机数表去进行抽样，有以下几个步骤：①将总体中的个体编号；②获取样本号码；③选定开始的数字．这些步骤的先后顺序为(　　).

A. ①②③　　B. ③②①　　C. ①③②　　D. ③①②

4. 准备在全班 50 名学生中，选出 5 名学生进行视力检查，采用________. (填"简单随机抽样、分层抽样或系统抽样")

5. 某工厂共有 n 名工人，为了调查工人的健康情况，从中随机抽取 20 名工人作为调查对象，则每位工人被抽到的可能性为________.

6. 要从某汽车厂生产的 30 辆汽车中随机抽取 3 辆进行测试，请选择合适的抽样方法，写出抽样过程．

水平二

有一批机器编号为 1，2，3，…，112，请用随机数表法抽取 10 台组成样本，写出抽样过程．

8.4.3 分层抽样

笔 记

知识要点

一般地，若总体是由差异明显的几部分组成的，则为使样本能更充分地反映总体的情况，通常将总体分成互不重叠的几部分，然后按照各部分所占的比例进行抽样，这种方法叫作分层抽样，其中所分的各个部分称为“层”. 分层后对每层进行具体抽样时，在实际工作中经常采用如下方法．

①先计算每层在总体中所占的比值；

②再用这个比值去乘样本容量，所得的就是每层抽取的个体数．

运用举例

例 一个单位有职工 500 人，其中不到 35 岁的有 125 人，35 岁至 49 岁的有 280 人，50 岁及以上的有 95 人，为了了解这个单位职工与身体状况有关的某项指标，要从中抽取 100 名职工作为样本，职工年龄与这项指标有关，应该怎样抽取？

分析 如果总体中的个体有差异时，那么就用分层抽样抽取样本．用分层抽样抽取样本时，要把性质、结构相同的个体组成一层．

答案：用分层抽样来抽取样本，步骤如下．

(1)分层：按年龄将 150 名职工分成三层：不到 35 岁的职工；35 岁至 49 岁的职工；50 岁及以上的职工．

(2)计算每层在总体中所占的比值，即$\frac{125}{500}$，$\frac{280}{500}$，$\frac{95}{500}$.

(3)确定每层抽取的个体数，在不到 35 岁的职工中抽 $100\times\frac{125}{500}=25$ 人；在 35 岁至 49 岁的职工中抽 $100\times\frac{280}{500}=56$ 人；在 50 岁及以上的职工中抽 $100\times\frac{95}{500}=19$ 人．

(4)在各层分别按抽签法或随机数表法抽取样本．

(5)综合每层的抽样结果，组成样本．

改错与反思

同步训练 8.4.3

水平一

1. 某单位有老年人 28 人，中年人 54 人，青年人 81 人，为了调查他们的身体状况，从他们中抽取容量为 36 的样本，最适合的抽取样本的方法是(　　).

A. 分层抽样　　B. 抽签法

C. 随机数表法　　D. 系统抽样

2. 甲校有 3 600 名学生，乙校有 5 400 名学生，丙校有 1 800 名学生，为统计三校学生某方面的情况，计划采用分层抽样，抽取一个容量为 90 人的样本，应在这三校分别抽取学生(　　)

A. 30 人，30 人，30 人　　B. 30 人，45 人，15 人

C. 20 人，30 人，10 人　　D. 30 人，50 人，10 人

3. 已知某单位有职工 120 人，男职工有 90 人，现采用分层抽样(按男、女分层)抽取一个样本，若已知样本中有 27 名男职工，则样本容量为(　　).

A. 30　　B. 36　　C. 40　　D. 无法确定

4. 某校有一年级学生 1 200 人，二年级学生 900 人，教师 120 人，现用分层抽样从所有师生中抽取一个容量为 n 的样本进行调查，如果应从二年级学生中抽取 60 人，那么 $n=$________.

5. 某地区有 300 家商店，其中大型商店有 30 家，中型商店有 75 家，小型商店有 195 家．为了掌握各商店的营业情况，要从中抽取一个容量为 20 的样本．若采用分层抽样的方法，抽取的中型商店数是________________.

6. 某中职学校共有师生 2 400 人，现在用分层抽样，从所有师生中抽取一个容量为 160 的样本，已知从学生中抽取的人数为 150，那么该学校的教师人数为多少？

7. 我校的公共基础课有数学、语文、外语、体育、德育，要调查学生对各门课程教学的满意度，该如何抽取样本好？

水平二

1. 某商场有四类食品，其中甲类、乙类、丙类及丁类分别有 40 种、10 种、30 种、20 种，现从中抽取一个容量为 20 的样本进行食品安全检测．若采用分层抽样来抽取样本，则抽取的乙类与丁类食品的种数之和为(　　).

A. 4　　　　B. 5　　　　C. 6　　　　D. 7

2. 假设某地区有高中生 2 400 人，初中生 10 900 人，小学生 11 000 人，此地教育部门为了了解本地区中小学学生的近视情况及其形成原因，要从本地区所有的学生中抽取 1％的学生进行调查．

(1)你认为应当怎样抽取样本？

(2)分层抽样时如何分层？其适用于什么样的总体？

笔　记

8.4.4　系统抽样

知识要点

系统抽样：总体所含个体较多时，可将总体均衡地分成几个部分，然后按照预先制定的规则，从每个部分中抽取一个个体，得到所需的样本．

一般地，用系统抽样方法抽样的步骤为：

①将所研究的对象随机地进行编号．

②确定分段间隔 k，将所有编号均衡地分段，N 为总体数，n 为样本容量，当 $\frac{N}{n}$ 是整数时，取 $k=\frac{N}{n}$；当 $\frac{N}{n}$ 不是整数时，可用简单随机抽样的方法从总体中剔除一些个体，使剩下的总体容量 N' 能被 n 整除，此时 $k=\frac{N'}{n}$.

③在第一段中采用简单随机抽样，确定起始的个体号码 l；

④依次抽取与下列编号相对应的个体：l，$l+k$，$l+2k$，…，$l+(n-l)k$.

运用举例

例　某教学楼 1 号报告厅举行心理讲座，中专二年级有 1 000 名学生来听讲座，坐满了报告厅，现从中选取 50 名学生了解有关情况，选取怎样的抽样方式更为合适？

分析　当总体的个数较少时，常采用简单随机抽样；当总体的个数较多，且分布没有明显的不均匀情况时，常采用系统抽样．当已知总体由差异明显的几个部分组成时，常采用分层抽样．应该根据总体情况，选择适当的抽样方法，提高依据样本特性估计总体特性的准确程度．故本题选择系统抽样．

答案：本题中 $N=1\ 000$，$n=50$，采用系统抽样，过程如下．

(1)随机将 1 000 名学生编号为 1，2，3，…，1 000.

(2)采用 $k=\frac{N}{n}=\frac{1\ 000}{50}=20$ 作为间隔，将总体按照编号顺序分成 50 段，每段 20 名学生．

(3)第一段的个体编号为 1，2，3，…，20，在第一段中采用简单随机抽样抽取一个号码，如 8.

(4)以 8 为起始号码，每 20 个号码抽取一个，得到一个容量为 50 的样本：8，28，48，…，988. 依次选取与编号对应的学生．

改错与反思

同步训练 8.4.4

水平一

1. 某职业学校高一有 15 个班，为了了解学生的课外兴趣爱好，对每班学号为 5 号的学生进行问卷调查．这里运用的抽样方法是(　　).

A. 分层抽样　B. 抽签法　　C. 随机数表法　D. 系统抽样

2. 有 20 位同学，编号为 1～20，现在从中抽取 4 人做问卷调查，若采用系统抽样，则所抽的编号可能为(　　).

A. 5，10，15，20　　　B. 2，6，14，16

C. 2，4，6，8　　　D. 5，8，9，14

3. 某城区有甲、乙、丙三类饭店共计 2 000 家，其中甲类饭店 1 800 家，乙类饭店 100 家．现要从中抽取容量为 40 的样本，调查其营业收入情况，则在整个抽样过程中，可以用到下列哪几种抽样方法？(　　)

①简单随机抽样　②系统抽样　③分层抽样

A. ②③　　B. ①③　　C. ③　　D. ①②③

4. 抽样方法有：________________________________.

5. 中秋节期间，某超市举办了一次有奖购物促销活动．期间准备了一些有机会中奖的号码(编号为 001～999)，在公证部门的监督下按照随机抽样的方法抽取号码，并确定后两位为 66 的号码为本次的中奖号码．则所有的中奖号码为________________.

6. 要从 160 名学生中抽取容量为 20 的样本，将 160 名学生编号：001，002，…，160. 按编号顺序平均分成 20 组，若第 16 组应抽出的号码是 125，则第 2 组应抽出的号码是____________________.

7. 利用系统抽样，从 1 600 份期末试卷中抽出 120 份进行复查，写出抽取过程．

水平二

某工厂有103名工人，从中抽取10人参加体检，试采用简单随机抽样和系统抽样两种方法进行抽样．

数学窗

概率论起源的故事

早些时候，法国有两个大数学家，一个叫巴斯卡尔，一个叫费马．

巴斯卡尔认识两个赌徒，这两个赌徒向他提出了一个问题．他们说，他俩下赌金之后，约定谁先赢满5局，谁就获得全部赌金．赌了半天，A赢了4局，B赢了3局，时间很晚了，他们都不想再赌下去了．那么，这个赌金应该怎么分呢？

是不是把赌金分成7份，赢了4局的就拿4份，赢了3局的就拿3份呢？或者，因为最早说的是满5局，而谁也没达到，所以就一人分一半呢？

这两种分法都不对．正确的答案是：赢了4局的拿赌金的3/4，赢了3局的拿赌金的1/4．

为什么呢？假定他们俩再赌一局，或者A赢，或者B赢．若是A赢，则A赢满了5局，赌金应该全归他；A如果输了，即A，B各赢4局，这个赌金应该对半分．现在，A赢、输的可能性都是1/2，所以，他拿的赌金应该是$1/2\times1+1/2\times1/2=3/4$，当然，B就应该拿1/4．

通过这次讨论，概率论当中一个重要的概念——数学期望就形成了．

——部分内容摘自《无处不在的统计(三)》，作者为中国统计学会，中国统计出版社2013年出版．

§8.5 统计图表

8.5.1 频率分布表

笔 记

知识要点

统计分布表：将一组数据按照数值的大小顺序排列，每个值为一类，记录各类数值出现的频数和频率，用这种方法制成的表格就是频率分布表.

运用举例

例 为估计一批灯泡的产品寿命，抽样统计结果见下表.

寿命/h	[100，200]	(200，300]	(300，400]	(400，500]	(500，600]
频数	10	15	40	20	15
频率					

求表中的频率.

答案：

寿命/h	[100，200]	(200，300]	(300，400]	(400，500]	(500，600]
频数	10	15	40	20	15
频率	0.1	0.15	0.4	0.2	0.15

改错与反思

同步训练 8.5.1

水平一

1. 在对100个数据进行整理后的频率分布表中，各组的频率之和和频数之和分别为(　　).

A. 100，1　　B. 100，100　　C. 1，100　　D. 1，1

2. 现有10个小球分别编有号码1，2，3，4，其中1号球4个，2号球2个，3号球3个，4号球1个，数0.4是指1号球占总体分布的(　　).

A. 频数　　B. 概率　　C. 频率　　D. 累计频率

3. 一个容量32的样本，已知某组样本频率为0.125，则该组的频数为(　　).

A. 2　　B. 4　　C. 6　　D. 8

4. 在 100 人中，有 40 个学生，21 个教师，29 个工人，10 个农民，则 0.29 是工人的________.

5. 将一个容量为 20 的样本分成若干组，已知某一组的频率为 0.25，则该组的频数为________.

6. 小丽随机写了一串数字“01135123335131122022”，数字 3 出现的频数为________，数字 2 出现的频率为________.

7. 为研究婴儿的身长，现从某市一家妇幼医院抽取 60 名婴儿测量其身长，结果如下 .(单位：cm)

48，50，51，51，50，51，49，49，50，51，50，50，50，50，50，51，52，52，50，49，

51，50，48，49，53，49，50，49，49，50，50，50，51，52，52，49，49，48，51，50，

50，51，50，49，50，49，50，49，50，50，52，50，49，50，50，50，50，50，50，52.

整理上述数据，列出频率分布表 .

8.5.2　频率直方图

笔　记

知识要点

在平面直角坐标系中，用横半轴表示基本数据，用纵半轴表示频率，得出的频率分布图叫作频率直方图．

频率直方图能直观反映数据整体的频率分布情况，以及各类频率的差异．

运用举例

例　某校为了了解学生的课外阅读情况，随机采访了 50 名学生，得到了他们某一天各自课外阅读所用时间的数据．(单位：h)

1.5，1，1，1.5，2，0.5，0，2，2，1，1，1，3，1，0，0.5，0.5，1.5，1，1，2.5，1，1.5，3，1.5，2，

0.5，1，2，3，1.5，1.5，0.5，1，1，1.5，2.5，2，2，0.5，0.5，1.5，1，3，0.5，1，1，2.5，1，1.

(1)列出频率分布表．

(2)根据频率分布表作出频率直方图．

分析　(1)将数据按照数值的大小顺序排列，每个值为一类，记录各类数值出现的频数和频率，制成的表格，就得到了频率分布表．

(2)根据频率分布表可作出频率直方图．

答案：(1)频率分布表如下．

阅读时长/h	0	0.5	1	1.5	2	2.5	3
频数	2	8	17	9	7	3	4
频率	0.04	0.16	0.34	0.18	0.14	0.06	0.08

(2)频率直方图如下．

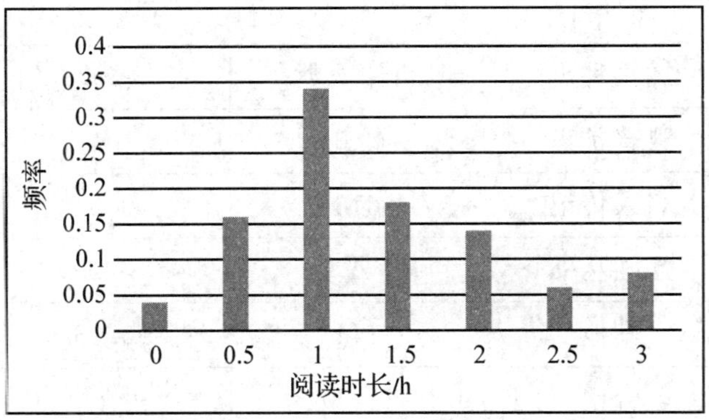

改错与反思

同步训练 8.5.2

水平一

1. 某中职学校的一个数学兴趣小组在本校学生中开展主题为“垃圾分类知多少”的专题调查活动，采取随机抽样的方式进行问卷调查，问卷调查的结果分为“非常了解”“比较了解”“基本了解”“不太了解”四个等级，划分等级后的数据整理如下．

等级	非常了解	比较了解	基本了解	不太了解
频数	40	120	36	4
频率	0.2	m	0.18	0.02

(1)本次调查问卷调查取样的样本容量为______，表中 m 的值为______．

(2)若该校有学生 5 000 人，请根据调查结果估计这些学生中“比较了解”垃圾分类知识的人数约为多少？

(3)根据频率分布表作出频率直方图．

2. 阅读对人成长的影响是巨大的，一本好书往往能改变人的一生．1995 年联合国教科文组织把每年的 4 月 23 日确定为“世界读书日”．下表是某校学生课外书籍阅读情况的统计表．请你根据表中的信息，分析下列问题．

图书种类	借阅次数	频率
科普常识	840	B
名人传记	816	0.34
漫画丛书	A	0.25
其他	144	0.06
合计	2 400	1

(1)求表格中 A，B 的值．

(2)根据表格作出频率直方图．

3. 某中学为了参加全国中学生运动会，打算组织 100 名学生组成校运动队，限制每名学生只参加一个运动项目，其中有 13 人报名参加了田径，10 人进入了体操队，11 选择了乒乓球队，另外参加三大球——足球、篮球和排球的各有 24 人、27 人和 15 人，请列出学生参加各运动队的频率分布表和频率直方图．

水平二

某学校为了了解高一新生每月的零花钱使用情况，通过随机抽样，抽取了 100 名学生进行调查，样本数据统计如下．

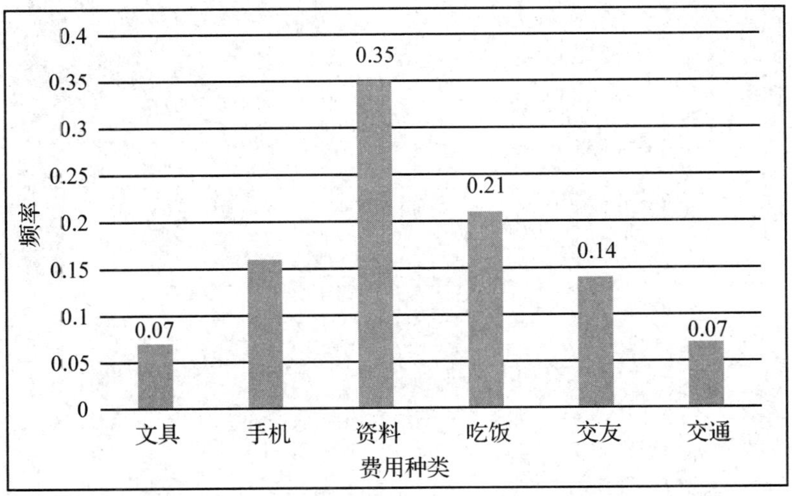

根据样本的频率直方图，估计该校高一新生中，

(1)零花钱用于哪方面的费用最多？大约占多少？

(2)用于手机方面的费用大约占多少？

(3)若某生每月零花钱为500元，估计该生用于学习方面(包括资料和文具)的费用大约是多少？

(4)利用频率直方图作出频率分布表.

8.5.3　统计图、表的综合运用

改错与反思

同步训练 8.5.3

水平一

为了解中职学校学生的消费情况，某调查组采访了某中职学校的20名学生，了解了其平均每周家中所给的生活费情况，获得如下数据.(单位：元)

100，300，150，200，200，200，150，200，200，150，

250，200，150，150，200，200，100，200，150，200.

(1)列出频率分布表；

(2)画出频率直方图；

(3)学生的平均每周生活费为多少？

水平二

若某产品的直径长与标准值的差的绝对值不超过 1 mm 时，则视为合格品，否则视为不合格品，在近期一次产品抽样检查中，从某厂生产的此种产品中，随机抽取 5 000 件进行检测，结果发现有 50 件不合格品．计算这 50 件不合格品的直径长与标准值的差(单位：mm)，将所得数据分组，得到如下频率分布表．

分组	[−3，−2)	[−2，−1)	(1，2]	(2，3]	(3，4]
频数		8		10	
频率	0.10		0.50		

(1)将上面表格中缺少的数据补充完整．

(2)估计该厂生产的此种产品中，不合格品的直径长与标准值的差落在区间(1，3]内的概率；

(3)现对该厂这种产品的某个批次进行检查，结果发现有 20 件不合格品，据此估计这批产品中合格品的件数．

§8.6 样本均值与标准差

8.6.1 样本均值、方差和标准差的概念

笔 记

知识要点

假设从总体中抽取一个容量为 n 的样本，得到 n 个数据，x_1，x_2，…，x_n，则

样本的均值为 $\bar{x}=\frac{1}{n}(x_1+x_2+\cdots x_n)$，

样本的方差为 $s^2=\frac{1}{n}[(x_1-\bar{x})^2+(x_2-\bar{x})^2+\cdots+(x_n-\bar{x})^2]$，

样本的标准差为 $s=\sqrt{\frac{1}{n}[(x_1-\bar{x})^2+(x_2-\bar{x})^2+\cdots+(x_n-\bar{x})^2]}$.

运用举例

例 为了从甲、乙两名学生中选拔一人参加射击比赛，教练对他们的射击水平进行了测试．两人在相同的条件下各打靶 10 次，成绩如下．

甲：7，8，6，8，6，5，9，10，7，4.

乙：9，5，7，8，7，8，6，6，7，7.

如果你是教练，派谁去参加比赛更合适呢?

分析 此题需要比较样本的均值和样本的标准差．样本的均值代表了一组数据的一般水平，样本的标准差可以刻画样本数据偏离平均水平的程度．若样本的均值相等，样本的标准差小则表明技术发挥较稳定．

解 $\bar{x}_{甲}=\frac{7+8+6+8+6+5+9+10+7+4}{10}=7$,

$\bar{x}_{乙}=\frac{9+5+7+8+7+8+6+6+7+7}{10}=7$.

两人的平均成绩相同，再来计算两人各自的标准差：

$s_{甲}=\sqrt{\frac{1}{10}[(7-7)^2+(8-7)^2+\cdots+(4-7)^2]}=\sqrt{3}\approx 1.732$,

$s_{乙}=\sqrt{\frac{1}{10}[(9-7)^2+(5-7)^2+\cdots+(7-7)^2]}=\sqrt{1.2}\approx 1.095$.

比较两个样本的标准差，由 $s_{甲}>s_{乙}$，可知乙同学比甲同学稳定，应该

派乙同学参加比赛．

改错与反思

同步训练 8.6.1

水平一

1. 甲、乙、丙、丁四人进行射击测试，每人射击 10 次，其成绩的均值均为 9.2，标准差分别为 $s_{甲}=0.56$，$s_{乙}=0.60$，$s_{丙}=0.50$，$s_{丁}=0.45$，则成绩最稳定的是(　　).

A. 甲　　B. 乙　　C. 丙　　D. 丁

2. 给出五个数据 90，90，93，94，93，则这五个数据的均值和标准差分别为(　　).

A. 92，2.1　　B. 92，1.67

C. 93，2.1　　D. 93，1.87

3. 甲、乙两名中职学生在一年里学科平均成绩相等，但是他们成绩的标准差不相等，以下说法正确的是(　　).

A. 因为他们的平均分相等，所以学习水平一样

B. 平均成绩虽然一样，标准差较大的说明潜力大、学习态度好

C. 表面上看这两个学生平均成绩一样，但标准差小的学习成绩稳定

D. 平均成绩相等，标准差不等，说明学习水平不一样，标准差小的同学成绩不稳定

4. 甲，乙两个样本的方差分别为 $s_{甲}^2=6.6$，$s_{乙}^2=14.31$，由此反映(　　).

A. 样本甲的波动比样本乙的大

B. 样本乙的波动比样本甲的大

C. 样本甲和样本乙的波动大小一样

D. 样本甲和样本乙的波动大小无法确定

5. 一个样本中，数据 15 和 13 各有 4 个，数据 14 有 2 个，则这个样本的均值为________，标准差约为________．

6. 已知 x_1，x_2，x_3 的均值是 a，则 $5x_1+7$，$5x_2+7$，$5x_3+7$ 的均值为________．

7. 为了比较甲、乙两种水稻秧苗是否出苗整齐，每种秧苗随机各取 5 株，量出每株的高度如下表所示(单位：cm).

编号	11	22	33	44	55
甲/cm	12	13	15	15	10
乙/cm	13	14	15	12	11

经计算，所抽取的甲、乙两种水稻秧苗高度的均值都为 13 cm，方差 $s_{甲}^2=3.6$，$s_{乙}^2=$________，因此________种水稻秧苗出苗更整齐．

8. 为了解某商店 12 月份的营业额，从中抽查了 5 天，日营业额数据如下(单位：元).

4 850，5 306，8 954，4 786，6 330.

(1)指出本题中的总体、个体、样本、样本容量．

(2)求样本的均值．

(3)根据样本的均值估计这个商店 12 月份总营业额为多少？

水平二

某工厂甲、乙两个车间包装同一种产品，在自动包装传送带上每隔 30 cm 抽一包产品，称其质量，看是否合格，记录的抽查产品的质量数据如下．

甲车间：102，101，99，103，98，99，98.

乙车间：110，105，100，85，75，115，110.

(1)这样的抽样是何种抽样方法？

(2)估计甲、乙两个车间生产产品的质量的均值与标准差，并说明哪个车间生产的产品较稳定．

笔　记

8.6.2　样本均值与标准差的计算

知识要点

实际生活中，样本容量往往比 10 大很多，我们通常可以借助计算器、计算机等工具进行计算．可以用 Excel 求样本的均值、方差和标准差，在 Excel 中计算均值时对应输入"＝AVERAGE()"，选好数据后，按"回车"键即可；计算标准差时则要输入"＝STDEV()"，选好数据后，按"回车"键即可．

运用举例

例　甲、乙两名车工都加工同一种零件，零件的直径要求为 10 mm. 从他们所生产的零件中，各取 10 件，测得直径如下(单位：mm).

甲：10.05　10.02　9.97　9.95　10.01　10.02　9.98　9.99　10.02　10.03

乙：9.99　10.02　10.02　9.98　10.01　10.03　9.97　9.99　9.98　10.02

分别计算两组数据的标准差(精确到 0.01)，说明在尺寸符合规格方面，谁做得较好．

分析　我们把甲、乙两名车工分别加工的零件的尺寸看成一个总体，把分别抽取的 10 件零件的尺寸看成两个总体的样本．要比较两名车工加工的零件的尺寸是否符合要求，只要比较两个总体的均值与标准差就可以了．当总体的均值与标准尺寸(10 mm)比较接近，且总体的标准差比较小时，则认为尺寸更符合要求，根据用样本估计总体的思想，我们可以直接比较两个样本的均值与标准差(或方差).

解：用 Excel 求得

$\bar{x}_{甲}=10.004$(mm)，$\bar{x}_{乙}=10.001$(mm)；

$\bar{s}_{甲}=0.0306$(mm)，$\bar{s}_{乙}=0.0213$(mm).

比较两个样本的均值，可以看出，车工乙加工的零件尺寸比车工甲加工的零件尺寸更接近标准尺寸；比较两个样本的标准差，由 $s_{甲}>s_{乙}$ 可知车工乙加工的零件尺寸比车工甲加工的零件尺寸稳定．因此，可以得出车工乙在尺寸符合规格方面做得更好．注意，我们也可以比较样本的方差，会得到同样的结论．

同步训练 8.6.2

改错与反思

水平一

1. 某中职学校二年级有 1 000 人，现从中抽取 20 名学生作为样本，调查其某科成绩，成绩如下(单位：分).

86，64，58，87，75，66，52，48，46，59，92，63，75，76，88，84，61，83，79，86.

请用 Excel 计算出样本的均值与标准差.

2. 将 10 盆同一品种的花随意分成两组，分别施用甲、乙两种花肥，每组 5 盆，其花期的记录结果如下(单位：天).

编号	1	2	3	4	5
甲组/天	23	25	27	28	22
乙组/天	24	24	27	23	27

(1)施用哪种花肥，使得花的平均花期较长？

(2)施用哪种花肥效果比较可靠(花期较长)？

水平二

王阿姨下岗后开了一个牛奶销售店，主要经营“学生奶”“酸牛奶”“原味奶”. 可王阿姨由于经验不足，经常出现有的牛奶没卖完，有的牛奶又不够卖的情况，一段时间下来，通过盘点不但没有盈利反而亏损了. 热心的小李结合所学的统计知识帮王阿姨统计了一个星期牛奶的销售情况，并绘制了下表.（单位：盒）

	星期一	星期二	星期三	星期四	星期五	星期六	星期天
学生奶/盒	2	1	0	1	0	9	8
酸牛奶/盒	70	70	80	75	85	80	100
原味奶/盒	40	30	35	30	38	47	60

(1)计算各品种牛奶的日平均销售量，并说明哪种牛奶的销量最好.

(2)计算各品种牛奶的方差(保留两位小数)，并比较哪种牛奶的销量最稳定.

(3)假如你是小李，你对王阿姨有哪些好的建议？